Teatro Hip-Hop

Coleção Estudos
Dirigida por J. Guinsburg

Equipe de realização – Edição de Texto: Adriano C.A. e Sousa; Revisão: Raquel Tersi; Sobrecapa: Sergio Kon; Produção: Ricardo W. Neves, Sergio Kon, Elen Durando e Luiz Henrique Soares.

Roberta Estrela D'Alva

TEATRO HIP-HOP

A PERFORMANCE POÉTICA DO ATOR-MC

 PERSPECTIVA

CIP-Brasil. Catalogação na Fonte
Sindicato Nacional dos Editores de Livros, RJ

D158t

D'Alva, Roberta Estrela
    Teatro hip-hop: a performance poética do ator-MC. /
Roberta Estrela D'Alva – 1. ed. – São Paulo : Perspectiva, 2014.
    176 p. : il. ; 23 cm.   (Estudos ; 333)

    Inclui bibliografia
    Inclui anexos
    ISBN 978-85-273-1020-8

    1. Teatro 2. Hip-Hop (Cultura popular). 3. Rap (Música).
4. Músicos de raps. I. Título II. Série.

14-17202   CDD: 305.2350981
                               CDU: 316.346.32-053.6(81)

24/10/2014   24/10/2014

Direitos reservados em língua portuguesa à
EDITORA PERSPECTIVA LTDA.

Rua, Augusta, 2445-Cj. 1
01413-100 São Paulo SP Brasil
Telefax: (011) 3885-8388
www.editoraperspectiva.com.br

2021

AGRADECIMENTOS

À queridíssima professora Jerusa Pires Ferreira, por seu exemplo e generosidade, seu amor e sua luz, e pela alta vibração que irradia ao dividir seus conhecimentos. Te levo para sempre em meu coração, mestra! À minha família, ao Núcleo Bartolomeu de Depoimentos, a todos os artistas que por lá passaram. A todos os meus queridos professores, por todos os ensinamentos. Aos que me ajudaram direta ou indiretamente nessa empreitada. Aos pioneiros do hip-hop em todo o mundo.

Sumário

2. O TEATRO HIP-HOP COMO LINGUAGEM

3. O ATOR-MC E O UNIVERSO DO *POETRY SLAM* E DO *SPOKEN WORD*

À minha mãe, Romilda Marques de Souza

Prefácio

A expansão da cultura hip-hop em anos recentes é um dos sinais da resistência de certas formas culturais à sociedade hegemônica de mercado. Intimamente ligado a modos expressivos como o rap, a dança de rua, a intervenção urbana, o grafite, o desafio poético e a reapropriação de matrizes diversas na via da mixagem e do *sampleamento* é, sem dúvida, uma das expressões mais potentes do amplo contexto da cultura popular urbana. Talvez sua maior força seja exatamente o diálogo próximo, originário, com jovens moradores da periferia de metrópoles violentas como São Paulo.

O belo livro de Roberta Estrela D'alva, escrito a partir da pesquisa orientada por Jerusa Pires Ferreira, é uma síntese rítmica das ideias que transitam pelas vias de expressão da cena hip-hop no início do milênio. Mestiça, híbrida, gerada do confronto entre dramaturgia, música, dança de rua e agit-prop, é a expressão mais perfeita de uma rebelião vital que precipita uma poética própria, parte de uma trama maior que une arte e periferia, expressão cultural e lugar na sociedade, estética e política. Uma das vozes mais representativas dessas poéticas da urbanidade, Roberta ajudou a criar esse enredo e nos entrega o texto urgente de quem precisa falar em seu nome.

A autora decide iluminar o campo expandido de manifestações do hip-hop a partir de um foco específico, o ator-MC, mestre de cerimônias das múltiplas intervenções culturais que problematiza. A partir de reflexão apurada e do trânsito por diversos contextos por onde o hip-hop transita, como os *poetry slams* (campeonatos de poesia falada), o espetáculo-performance *Vai te Catar!* e os trabalhos do Núcleo Bartolomeu de Depoimentos, consegue recolher os "cacos culturais" do movimento para compor um amplo tapete de memória coletiva. Tapete de retalhos, é certo, mas nem por isso menos representativo. A proximidade do tema com sua experiência vital e profissional dá ao livro, excelente de vários pontos de vista, um ritmo corpóreo e um tom de depoimento difíceis de encontrar em produções acadêmicas. O que Adorno chama de precipitação de conteúdo em forma ganha aqui alto grau de excelência. É como se a materialidade das vozes do hip-hop se fizesse presente no texto.

A representatividade do estudo deve-se exatamente aos microfones que a atriz-MC abre para ampliar as muitas vozes de que é porta-voz, e que têm imensa importância metafórica e política nesse contexto. Ela salienta a amplificação ao sublinhar que o microfone funciona como prolongamento do corpo e da voz do mestre de cerimônias, é um "bastão de força" destinado a suscitar as palavras necessárias para que o verbo e a voz realmente acionem o que dizem. Ela, sem dúvida, tem razão. As palavras cantadas do hip-hop são performativas, tornando ação e realidade o que proferem. Afinal, o MC é um poeta oral capaz de "mover a multidão" exatamente por ter nascido nesse contexto e representar o depoimento, rimado e improvisado, de uma cultura coletiva.

O refrão que ele destaca é a urgência da cultura de rua que retoma o lugar público sonegado ao cidadão. Sua força de confronto é, nesse sentido, uma estratégia de combate para libertação do espaço da cidade. Percebe-se que a conquista de territórios empreendida por tantos movimentos sociais no Brasil de hoje é fruto de manifestações coletivas e heterogêneas como essa, de vozes em presença, como quer Zumthor, uma das referências maiores do livro. Construídas a partir de recortes justapostos no processo de *sampling*, essas manifestações, em geral, resultam em muito mais que a soma das partes. Como nota Eugênio Lima, parceiro de Roberta, o sample é uma pílula de poesia comprimida, ou, para estender a comparação, uma espécie de haicai contemporâneo ou palavra-valise que mobiliza muitas cenas do mundo hip-hop.

O ator-MC faz parte desse mundo. Como porta-voz do teatro hip-hop, defende um ponto de vista claro, tem consciência de seu papel político e luta pelo direito de narrar a história coletiva em nome próprio, que funciona como instância performática de manifestação que oscila entre depoimento pessoal e criação estética, vida e arte, ética e estética.

A autora nota que a autorrepresentação e o depoimento de vocação inclusiva e comunitária são as características fundamentais do ator-MC, responsáveis pela configuração de estruturas narrativas e concepções dramatúrgicas alternas, criação de figuras-personagens híbridas, atuação de performances poéticas estranhas aos paradigmas do teatro tradicional. Na trilha aberta por seu instigante trabalho, é possível perceber que não apenas o ator-MC como o teatro hip-hop são indícios da invenção de outro teatro, que dá voz a criadores em geral excluídos das formas dominantes de expressão. A mudança de paradigma é visível quando ela menciona o "termo ambíguo de teatro" que, de fato, cobre hoje um campo de experimentos inclassificáveis, e muitas vezes radicais.

Roberta localiza o nascimento do ator-MC no método desenvolvido Núcleo Bartolomeu de Depoimentos. Caracterizado, como muitos coletivos artísticos contemporâneos, por múltiplos modos de ação que se distanciam da obra acabada e espetacular, o que o grupo sempre defendeu em seu teatro hip-hop foram pontos de vista materializados em *gestus* corporais, vocais e musicais, na projeção de vozes e discursos coletivos. É um prazer e um aprendizado acompanhar a autora nas análises que faz do multifacetado trabalho do Bartolomeu, que se materializa em intervenções urbanas cênico-poéticas, criações audiovisuais, workshops, cursos, debates, estudos teórico-práticos, mostras, publicações, projetando um campo expandido de teatralidades em que a apresentação de espetáculos é apenas uma entre muitas possibilidades.

Por outro lado, é visível que a prática do Núcleo Bartolomeu de Depoimentos é representativa do que se convencionou chamar de "teatro de grupo" no teatro brasileiro recente, especialmente a partir dos anos de 1990. A participação coletiva nas decisões, os longos processos de pesquisa para a criação, a partilha da autoria entre os vários participantes, a valorização do processo em detrimento do espetáculo, a dramaturgia construída em sala de ensaio a partir da contribuição de atores e demais criadores são constantes que permitem associá-lo a parceiros como o Teatro da Vertigem, a Cia. São Jorge de Variedades ou a Cia. do Latão, para citar poucos exemplos. No entanto, os projetos de intervenção urbana, a invasão inesperada de espaços da cidade de São Paulo (como o Minhocão e a praça do Patriarca), e a participação em redes de ativismo poético também permitem aproximar o grupo de alguns coletivos artísticos sem território fixo, reconhecidos por criações feitas em parceria por artistas plásticos, músicos, estilistas, dançarinos (ou *b-boys/b-girls*), grafiteiros como Julio Docjsar, atores e DJs como Luaa Gabannini e Eugênio Lima, encenadores e dramaturgos como Cláudia Schapira. É de Claudia o projeto que resultou na encenação de *Bartolomeu, Que Será Que Nele Deu?*, estreado em janeiro de 2000, trabalho que deu origem ao núcleo.

O contato do Núcleo Bartolomeu com a cultura hip-hop é examinado em um dos capítulos do livro, a meu ver um dos mais importantes por definir o perfil do teatro hip-hop. A ótima análise de *Acordei Que sonhava*, adaptação de *A Vida é Sonho*, de Calderón de La Barca, explicita a invenção de uma nova maneira de fazer teatro em que os procedimentos de representação e criação cênica são "sacudidos pelo hip-hop".

A performance poética do ator-MC nasce nesse contexto, em que o ator deixa de interpretar personagens para defender seu ponto de vista com rimas, falas e cantos. Na instigante análise da ação de Segismundo, de *A Vida é Sonho*, Roberta, atriz-MC responsável por "defendê-lo" em cena, descreve uma vigorosa dramaturgia "sampleada" em que narrativas de alunos da antiga Febem foram incorporadas às falas da personagem, composta como um misto de MC, menino, homem, poeta, bandido e herói. Como nota a autora, "foi àquele grupo que escolhi dar voz em meu depoimento".

Como se pode perceber, no caso dessa experiência de expansão do campo do teatro a fronteira entre o cênico e o real é muito tênue. A importância do tema leva Roberta a dedicar um item específico do livro ao trânsito das criações para além do teatro, referindo-se, por exemplo, a seu parceiro Eugênio Lima, DJ que atuava no campo musical e foi incorporado à cena, encarregado de representar a personagem MC-povo. Na época, sem formação em teatro nem domínio de técnicas de interpretação, Eugênio foi um narrador que funcionou como espécie de *alter ego* do Núcleo Bartolomeu, incorporando ao grupo modos de atuar, cantar e rimar que beiram a não representação. A situação performativa é entremeada de procedimentos do teatro épico brechtiano, o que apenas confirma a necessidade de atualização dos pressupostos para o campo das urgências contemporâneas.

Como não poderia deixar de ser, este livro é uma manifestação dessa urgência. A cultura hip-hop toma posse do texto de Roberta para torná-lo político e pulsante como o tema que relata.

Sílvia Fernandes
Professora titular de
Artes Cênicas da ECA-USP

Dando Letras à Voz

O que leva um artista da voz a desenvolver uma pesquisa como esta? Fazer a estranha passagem das palavras ditas para as palavras escritas? Da voz à letra? Dar voz à letra...

A pesquisa, a leitura e a escritura não são práticas distantes para muitos artistas do palco que, além das preparações físicas, vivem intensos processos de estudos teóricos visando dar substância e vida aos universos que irão representar. Mas, no processo de elaboração de uma obra cênica, o material gerado pelo estudo teórico acaba por se amalgamar à performance e se materializa na representação, no canto, na dança, no gesto e no som das palavras, como resultado final.

Foi exatamente numa dessas incursões, durante uma pesquisa sobre oralidades e o universo da poesia falada para o espetáculo *Vai Te Catar!*, de 2008, que me deparei com a enorme quantidade de materiais existentes sobre o assunto, dentre eles, escritos sobre o *rap*, o *spoken word*, a poesia *beatnik* e sua relação com o *be bop*, os trovadores, os jograis, os rapsodos e toda sorte de poetas: os medievais, os repentistas brasileiros, os *poetry slams,* as competições de poesia entre os gregos na Antiguidade, os *griots*, os poetas americanos ligados ao movimento negro dos anos de 1960 e 70, as experiências da poesia sonora, enfim, um universo gigantesco de estudos e vertentes.

Nessa época de tanta abertura e descobertas das possíveis relações entre todos esses assuntos, nasceu uma primeira vontade de aprofundamento teórico, tornou-se necessário diversificar informações, arregimentar e organizar essas "velhas novidades" com método e rigor teórico, aliando-as ao que já fazia na prática, relacionando assim o trabalho performático que estava realizando com um campo mais amplo de saberes. Nesse período, nada me inquietou mais do que a leitura de *Performance, Recepção, Leitura*, de Paul Zumthor. Lembro-me claramente da sensação eufórica ao entrar em contato com a tessitura das relações entre voz, performance, presença, recepção e memória, presente em seu texto. A identificação foi imediata e tive a sensação de que muito do que eu vinha esboçando em pensamentos sobre o que realizava na prática estava organizado em suas palavras. O que mais me chamou a atenção, além das brilhantes análises e conclusões a que o autor chegava a cada página, foi a maneira como fazia isto, pois em nenhum momento do texto abria-se mão da poética: a forma não se distanciava do conteúdo. Na verdade, ela era o conteúdo, uma "forma-força", para citar uma expressão do estudioso da literatura Max Luthi, utilizada nesse livro pelo próprio Zumthor.

A partir disso percebi que poderia escrever sobre aspectos da pesquisa prática que vinha há dez anos desenvolvendo junto ao Núcleo Bartolomeu de Depoimentos, que iniciou suas atividades no ano 2000 e que se consolida como coletivo artístico a partir de uma formulação inédita dentro do universo do teatro brasileiro, o *teatro hip-hop*, linguagem surgida a partir da junção de elementos do teatro épico (mais precisamente o difundido pelo dramaturgo alemão Bertolt Brecht) e da cultura hip-hop[1] (cultura popular urbana nascida no começo dos anos

---

1   O hip-hop está para além de ser somente um movimento artístico ou estético, um estilo musical ou de se vestir. É reconhecidamente uma cultura, se a entendermos como um grande "texto" onde linguagens se entrelaçam, se entrecruzam e se auto-organizam (Lotman, 1996). A cultura hip-hop traz em si um conjunto de práticas, hábitos e estruturas sociais além de uma conotação artística e um pertencimento social, étnico e poético. É um ponto de vista, uma maneira de ver o mundo e de se relacionar com ele. No capítulo I esse conceito será descrito e aprofundado.

de 1970 nos Estados Unidos). Com base no diálogo, na contra-cena e na amálgama de suas estéticas, criou-se uma terceira, repleta de particularidades e pioneira em sua conceituação e forma de expressão. Essa junção de linguagens também gerou um repertório diverso de espetáculos teatrais, intervenções cênicas urbanas, músicas, criações audiovisuais e projetos de pesquisa. Em todos os casos as características temáticas princi-pais eram as problemáticas do homem urbano e a abrangência do universo no qual ele se encontra inserido, como observou Iná Camargo Costa na ocasião do lançamento de um dos espe-táculos do Núcleo, *Frátria Amada Brasil*:

Os que acompanham a cena teatral paulista já estarão se perguntando se não serão mencionados os trabalhos do Núcleo que dá nome a este item [Depoimentos]. Como sabe o seu público habitual, o Bartolomeu talvez esteja fazendo a pesquisa mais abrangente, pois tratou de inventar o teatro hip-hop. Este grupo virou no avesso o clássico de Calderón de la Barca, *A Vida é Sonho*, com *Acordei Que Sonhava* e criou fulminantes zonas autônomas temporárias com o projeto *Urgência nas Ruas*. Agora, incorporando de maneira mais profunda o conjunto dos experimentos que dizem respeito ao hip-hop, seu espetáculo mais recente, *Frátria*, é um amplo inventário dos aspectos mais violentos e escandalosos da barbárie em que vivemos. Tudo isso sem perder de vista (nem deixar de mostrar) as mil maneiras como as referências daquilo que um dia foi chamado alta cultura continuam presentes por toda a parte[2].

Especificamente no campo da performance poética, da oralidade e da composição com a palavra, um conceito cen-tral dentro do trabalho deste núcleo de pesquisa é o de *ator--MC*, artista híbrido que traz na sua gênese as características narrativas do *ator épico* (o distanciamento, o anti-ilusionismo, o *gestus*, a determinação do pensar pelo ser social) mixado ao autodidatismo, à contundência e ao estilo inclusor, liber-tário e veemente do *MC*, acrônimo para *master of ceremonies* (mestre de cerimônias). O *MC* é um dos quatro elementos[3] da

2   I.C. Costa, *Provocando o Redemoinho*, *Sala Preta*, v. 6, p. 49.
3   São encontradas fontes em que a "invenção" do termo "hip-hop" é atribuída ao *DJ* Hollywood e ao *MC* Keith Cowboy Wiggins. O *DJ* Afrika Bambaataa, criador da The Universal Zulu Nation, considerado o mentor intelectual da cultura hip-hop, credita o termo ao *DJ* Lovebug Starski. Mas foi o próprio Bambaataa quem convencionou a cultura a partir de quatro elementos: o *DJing*, a arte do *disc jockey*, que a partir de dois toca-discos se torna uma

cultura hip-hop, pulsa na contundência do discurso das ruas, tornando-se um porta-voz que, por meio de articulações de rimas – o *rap* (*rhythm and poetry*, ritmo e poesia) –, estabelece a comunicação oral narrando a realidade em que está inserido além de histórias fictícias, memórias e toda sorte de assuntos que possa representá-lo.

Os pontos fundamentais dessa fusão que resulta no ator--MC são a *autorrepresentação* e o *depoimento*, que, como estruturas da narrativa, se configuram como células fundamentais da concepção dramatúrgica e da criação de personagens, discursos e de performances poéticas dentro do teatro hip-hop. São características do ator-MC a presença de um ponto de vista claro e a sua defesa, a consciência de seu papel social e político e a prática do intransferível direito de contar sua própria história e da sociedade na qual está inserido. O ator-MC é a voz do teatro hip-hop[4].

Tendo em vista as experiências realizadas no campo da práxis ao longo dos últimos treze anos, nas quais a pesquisa acerca da performance poética segundo a perspectiva da oralidade se desenvolveu e tomou corpo, surge agora a necessidade de um diálogo que possa aprofundá-la e relacioná-la com as visões de pensadores da cultura popular, da voz e da oralidade, ampliando seu campo de abrangência, produzindo assim um

espécie de "tutor" do passado fonográfico concreto, contador de histórias musicais, que transforma sua experiência musical individual na vivência do coletivo; o *Mcing*, a expressão do mestre de cerimônias, o MC, originalmente o mediador entre o DJ e o público e que por meio de sua voz atua principalmente articulando o rap (ritmo e poesia); o *b-boying / b-girling*, expressão de dançarinos urbanos, criadores das "street dances" (danças de rua, ou urbanas), aqueles que dançam durante os *break-beats*, autodidatas da criação do movimento; o *graffiti writing / graffiti*, arte urbana em que o grafiteiro, artista gráfico das ruas, utiliza os muros como interface e a cidade como moldura para os seus grafites-depoimentos, trazendo a transgressão como meio e a arte do aerosol como fim. Em textos da Zulu Nation (organização emblemática da cultura hip-hop da qual Bambaataa é fundador), o elemento *MCing* também é chamado *rapping*, o *b-boy / b-girl* é substituído por "várias formas de dança" que incluem o *breaking*, *up-rocking*, *popping*, *locking* e há ainda a adição de um "quinto" elemento, considerado o que mantém todos os outros juntos: o conhecimento. Também é muito comum a definição dos elementos do hip-hop sendo: o DJ, o MC, o grafite (ou grafiteiro) e o *b-boy / b-girl*.

4   Aqui o uso do conceito de voz segue tanto a linha de pensamento de Paul Zumthor, para quem a voz é materialidade, som, tactilidade, como a de Bakhtin, para quem a voz é discurso.

conhecimento que seja fruto da junção do universo do pensamento teórico com o da cultura das ruas.

Todas as obras do Núcleo Bartolomeu de Depoimentos são fruto dessa cultura, nascida nas grandes cidades e que contracenam com o caos concreto e urbano, abrindo possibilidades que se materializam nas frestas das organizações sociais, criando assim um fértil terreno para o desenvolvimento de uma arte, filha das contradições, conflitos e atritos da urbanidade.

O primeiro capítulo traz um panorama sobre a cultura hip-hop e sobre o MC, principalmente no que diz respeito a seu surgimento, seguindo a percepção de que estes são elementos constitutivos do teatro hip-hop e do ator-MC, não sendo possível falar desse desdobramento sem falar de suas matrizes. O grafite foi o elemento mais focalizado, por simbolizar tão evidentemente a invasão do hip-hop no cotidiano urbano, a ameaça "livre-pensadora" que ele representava, tendo em vista o combate ostensivo ao qual foi submetido. A partir da análise desse elemento é possível compreender vários aspectos da cultura hip-hop. Esse capítulo não busca fazer um inventário dessa cultura nem da história do MC através dos tempos, mas identificar quais as suas principais características "de base" que, com todas as transformações sofridas no decorrer de seu desenvolvimento, se mantiveram como referência e estão presentes na linguagem do Núcleo Bartolomeu de Depoimentos. Além disso, ainda que se tenha consultado o maior número possível de fontes, muitos detalhes e outras versões dessa mesma história podem ser encontrados[5], já que se trata de uma cultura recente, com menos de cinquenta anos de história desde seu surgimento, e muitos de seus criadores (DJs, MCs, *b-boys/b-girls* e grafiteiros) que estavam presentes nas primeiras "festas de rua", na gênese dessa cultura, são fontes vivas que ainda hoje prestam depoimentos, dão entrevistas, escrevem livros e artigos, participam de filmes, documentários

---

5 A começar pela grafia da palavra "hip-hop", que pode ser encontrada de inúmeras formas possíveis. O MC KRS-ONE, um dos mais respeitados artistas e pensadores da cultura e autor de *The Gospel of Hip Hop* (O Evangelho do Hip-Hop) e *Rumminations* (Ruminações), chega a fazer umas diferenciações conceituais de acordo com a maneira de se grafar. Aqui, seguimos a grafia hip-hop utilizada em *Can't Stop, Wont Stop: A History of Hip-Hop Generation*, de Jeff Chang, considerado um dos mais respeitosos estudos já feitos sobre o assunto por artistas, jornalistas, estudiosos e integrantes da cultura.

e gravam músicas. A história ainda está sendo contada e, além das fontes orais e da ainda escassa literatura existente (principalmente em português), há um "desejo ficcional", utilizando-me de uma expressão de Paul Zumthor, de contar a história alinhavando os fatos concretos e que possuem "provas" e registros, com um pouco da memória imaginativa do que teria sido essa época mágica, que foi o surgimento e estabelecimento da cultura hip-hop.

O processo de junção dos elementos da cultura hip-hop e o teatro épico, como se deu esse "casamento estético" e seu fruto mais proeminente, o ator-MC, serão apresentados em seguida. Para tanto o processo histórico da gênese do Núcleo Bartolomeu de Depoimentos é descrito e são analisados os procedimentos estéticos do espetáculo *Acordei Que Sonhava*, de 2003, realizado pela companhia num momento em que a linguagem se estabeleceu, se amalgamou e quando também foi utilizado pela primeira vez o termo "ator-MC".

E, como desdobramento dessa pesquisa, acompanhamos o trânsito do ator-MC por experiências com a palavra falada, o universo do *spoken word* (poesia falada) e do *poetry slams* (competições de poesia) chegando em uma experiência radical de depoimento, o espetáculo *Vai Te Catar!*

Assim, este livro propõe apresentar o ator-MC, sua formação e atuação (a performance poética) como parte integrante do teatro hip-hop, reconhecidamente uma linguagem possuidora de elementos e códigos específicos, fundamentos e de consistência em termos estéticos e éticos. As análises do campo cultural e estilístico, das metodologias e práticas envolvidas na sua constituição, revelam, para além de um caso específico, um estudo sobre a junção de linguagens e como se relacionam, preparando novos espaços para a criação artística.

1. A Cultura Hip-Hop Como Matriz

QUAL CULTURA HIP-HOP?

Sul do Bronx, Nova York, 1973. O cenário é desolador, com prédios em chamas, ruínas, violência, tráfico de drogas e gangues de rua. O mais pobre dos *five boroughs*, bairro de classe trabalhadora composto por imigrantes negros e latinos vindos em grande parte de Porto Rico e da República Dominicana, vive um de seus piores momentos.

Várias causas são atribuídas à decadência do bairro, como a falta de políticas sociais, o abandono do senhorio e as mudanças na demografia econômica e, principalmente, a construção da Cross Bronx Expressway, que, ao intervir na estrutura física da cidade, interferiu drasticamente na estrutura física das pessoas que ali habitavam, fazendo da própria vida devastada da população um espelho da devastadora estrutura arquitetônica e geográfica do bairro. A construção da via expressa representou um corte no coração do Bronx como em um corpo físico, o que o escritor Marshall Berman levou ao extremo e chamou de *urbicide* (urbicídio), o assassinato da cidade, em artigo

FIGURA 1: *South Bronx em ruínas, 1980.Foto: Jonh Feckner.*

publicado no *New Internationalist*, em dezembro de 1987, no qual relata o acontecimento:

O Sul do Bronx, onde eu passei a minha infância e juventude, é o lugar de uma das maiores ruínas recentes, fora de Beirute. A destruição física e social da região começou com a construção da Cross Bronx Expressway no final dos anos de 1950 e no começo dos 60 gradualmente se espalhando para o sul da autoestrada e para o norte a partir da emergente Bruckner Expressway no final de 1960. Então, no início dos anos 70 a desintegração começou a se espalhar em ritmo espetacular, devorando casa após casa e quarteirão após quarteirão, deslocando milhares de pessoas como uma praga inexorável. Aqueles foram os anos em que o Bronx finalmente chegou na mídia, como um símbolo de todos os desastres que podem acontecer a uma cidade. "O Bronx está queimando!" ressoou em todo o mundo.[1]

Nesse ambiente de ruína urbana, o crime atingiu seu ápice de violência e o Bronx se tornou um lugar onde era até mesmo perigoso andar a pé de um quarteirão para o outro, mesmo à luz do dia. Entre 1970 e 1975, as gangues, chamadas *crews* em inglês, dominaram o bairro travando guerras contínuas. Estima-se um número aproximado de trezentas gangues com um total de mais de 20 mil membros[2]. Em 1971, com a morte de um mediador de conflitos e integrante de uma delas, a Guetto Brothers, representantes de 42 gangues assinaram um acordo de paz. A violência entre gangues continuou a ser um sério problema até meados dos anos de 1970, mas as circunstâncias

---

1 Cf. M. Berman, Among the Ruins, *New Internationalist*, "The South Bronx, where I spent my childhood and youth, is the site of one of the greatest recent ruins today outside Beirut. The physical and social destruction of the area began with the construction of the Cross Bronx Expressway in the late 1950s and early 1960s spreading gradually southward from the highway and northward from the emerging Bruckner Expressway in the late 1960s.Then in the early 1970s the disintegration began to spread at a spectacular pace, devouring house after house and block after block, displacing thousands of people like some inexorable plague. Those were the years when the Bronx finally made it into the media, as a symbol of every disaster that could happen to a city. 'The Bronx Is Burning!' resonated all over the world." Todas as traduções são da autora.

2 Cf. Joe Conzo et al., *Born in the Bronx*, p. 38. Por sua vez, *Can't Stop, Wont Stop*, de Jeff Chang, apresenta outros números para criticar uma matéria do *New York Times* de 17 de junho de 1973, em que figurava a estimativa da polícia e da mídia de que havia cerca de cem gangues com aproximadamente 11 mil membros. Esses números foram considerados muito baixos pelas próprias gangues, principalmente no que dizia respeito à quantidade de membros, as estimativas revelavam mais sobre a visão da polícia do que sobre a realidade.

FIGURA 2: *Membros da gangue Savage Skulls.*
FIGURA 3: *Marvin Harper "Hollywood" vice-presidente da Savage Skulls discursa frente a um membro da Black Spades durante o encontro entre as gangues realizado em 8 de dezembro de 1971 no Bronx Boys Club. Motivado pela morte de Black Benji, um proeminente líder pacifista da Guetto Brothers, este encontro resultou em um Acordo de Paz assinado entre as gangues. Cena do filme* Flyin' Cut Sleeves, *de Henry Chalfant e Rita Flecher.*

desse tratado fizeram com que o surgimento da cultura hip-hop fosse possível.

Todo esse contexto faz com que o hip-hop possa ser analisado em suas raízes como um efeito colateral, uma explosão, a resposta de um corpo social doente que reage com uma febre que se recusa a passar e, como uma incontrolável peste às avessas, alastra-se pelo mundo corrompendo a linguagem, distorcendo corpos e rasgando a paisagem.

Frente à negligência e a toda tentativa de domínio, de apagamento, de aniquilamento das diferenças e de controle corporal e oral pelo poder estabelecido, o hip-hop apresenta-se como uma cultura gerada em ventre inquieto, que nasce furiosa num dia de festa e traz na sua gênese a dança vigorosa, herdada de diversas matrizes, das danças sociais dos anos de 1970, passando por James Brown, chegando mais tarde aos codificados estilos *b-boying, locking, popping*[3] e suas diversas vertentes, a fala-canto indócil, rápida, metrificada, repleta de gírias e neologismos, de crueza poética, agressiva e ao mesmo tempo inocente, bem-humorada, celebrativa, sofisticada, irônica e diversa. Sua certidão de nascimento é assinada com spray nos muros, nos trens, a céu aberto, com o nome de seus pais bem visíveis, para que a cidade inteira não tenha dúvida de quem essa cultura-rebelde é filha. Os tambores voltam a tocar através dos toca-discos anunciando as boas-novas, como num antigo rito ancestral.

Muitas análises sobre o hip-hop são feitas a partir do prisma de que ele é a voz da periferia ou a crônica social dos excluídos, o que não deixa de ser realmente uma característica marcante e definidora da cultura, principalmente ao chegar às periferias do Brasil e dos demais países da América Latina. Mas a tendência à generalização muitas vezes possui um matiz de contundência carrancuda, que pinta o quadro apenas com tintas vociferantes e raivosas, muitas vezes deixando esquecidas as nuances e um dos fatos mais relevantes sobre sua origem: o hip-hop nasce em uma festa. Mais precisamente, em uma festa de rua, a chamada *block party*, que inevitavelmente traz consigo as forças presentes na festa popular realizada num espaço público: autorrepresentação, celebração e diversidade. Uma festa que surge como possibilidade de vida frente à morte planejada a toda uma comunidade de excluídos, um momento único de comunhão. A festa como força geradora, como espaço criativo, de que nos fala Jerusa Pires Ferreira:

A festa é a força da promessa, o reino da utopia conferida e o espaço onde tudo o que existe na vida social pode trocar de sentido e se prolongar. Mas é também o espaço em que a reversão volta a se organizar e parece

---

3   Embora frequentemente apareçam juntos, esses estilos de dança tiveram diferentes procedências (ruas, programas de TV, *clubs*, concursos estudantis) e fazem parte das chamadas *street dance* (danças urbanas). "Apesar de *street* em português significar 'rua', para os americanos ela não tem exatamente essa conotação, porque neste caso *street dance* significa 'dança urbana do povo', que não veio do meio acadêmico [...]. É das ruas porque veio de pessoas que vivem na cidade", cf. F. Ejara, Danças Urbanas (Street Dance). O *b-boying / b-girling* surge nas festas de rua em Nova York e seus pioneiros foram os *b-boys* Nigga Twins. O *locking* e *popping* só tiveram contato com o hip-hop posteriormente. O *locking* foi inventado por Don Campbellock no início dos anos de 1970 em Los Angeles, Califórnia. Já *popping* é desenvolvido em Fresno, na Califórnia, no meio dos anos de 1970 por Boogaloo Sam.

que, logo, tudo vai sendo como antes. A festa de rua envolve os que estão lá, a festa popular nos fala de todos nós [...]. Nelas, o amor, a força do corpo e dos gestos, as construções feéricas e o jogo permanente que nos leva a ter na esperança (de comida, de vida, de fartura, de alegria, de contemplação, de criação) o apoio para nossas fabulações e alegorias [...]. A festa detém a morte e, sempre que pode, nos anuncia o quanto somos intensos em nossa transitoriedade, justificados em nossa eterna espera.[4]

Num ambiente degradado, onde a pobreza, a violência, o tráfico de drogas e a guerra entre gangues reinavam, a *block party*, e dentro dela a cultura hip-hop e seus elementos, surgem como uma TAZ, *temporary autonomous zone* ou zona autônoma temporária[5], fresta no tempo e território livre onde o conflito, a convivência da diversidade e a celebração se apresentavam como diálogo efetivo e superação das condições nas quais se encontrava toda uma comunidade de excluídos. A festa apresenta-se aqui com um sentido aprofundado, como em muitos outros momentos históricos também se apresentou. Ela se dá num processo de "carnavalização" e se torna essencial para a compreensão dos processos pelos quais a humanidade passou, como constata Mikhail Bakhtin:

As festividades (qualquer que seja seu tipo) são uma *forma primordial*, marcante da civilização humana [...] tiveram sempre um conteúdo essencial, um sentido profundo, exprimiram sempre uma concepção do mundo [...]. Além disso as festividades, em todas as suas fases históricas, ligaram-se a períodos de crise, de transtorno na vida da natureza da sociedade e do homem. [...] a festa convertia-se na forma de que se revestia a segunda vida do povo, o qual penetrava temporariamente no reino utópico da universalidade, liberdade, igualdade e abundância.[6]

O que é relevante sobre a festa e seus aspectos sociais nem é considerado em muitas análises feitas sobre o hip-hop, uma cultura recente, em processo, e que ainda apresenta muitos pontos de vista divergentes e discordâncias sobre alguns de seus aspectos. E assim como sua origem celebrativa (e determinante) é por muitas vezes esquecida em sua análise, ainda há constantemente confusões de entendimento em muitos de seus conceitos fundamentais.

---

4 J. Pires Ferreira, A Festa, *Projeto História*, n. 28, p. 361-362.
5 H. Bey, TAZ, p. 13.
6 M. Bakhtin, *Cultura Popular na Idade Média e no Renascimento*, p. 7-8.

Nesse sentido, um engano muito comum é considerar o rap (*rhythm and poetry*, ritmo e poesia) como se fosse o hip-hop e vice-versa. O rap está contido na cultura hip-hop, é uma de suas expressões mais significativas, mas daí a limitar o hip-hop apenas às suas letras contestadoras é ignorar a sua gênese, pois a força de resistência e inovação dessa cultura não reside só no conteúdo de seus elementos, nas letras de rap, nos passos de dança, na música ou nas letras e desenhos feitos com spray, mas na convivência simultânea de todas essas linguagens e no atrito criativo que é gerado por essa convivência. Para além disso, a força política do hip-hop pode ser encontrada em seu nascimento, na festa de rua, como a ousadia da retomada do espaço público, até mesmo em simples atitudes, como a de se ligar o equipamento de som improvisando "gatos" que "roubavam energia" dos postes de luz. A festa nesse espaço público, "tomado de assalto", se configura como "uma espécie de rebelião que não confronta o Estado diretamente, uma operação de guerrilha que libera uma área (de terra, de tempo, de imaginação) e se dissolve para se re-fazer em outro lugar e outro momento, antes que o Estado possa esmagá-la"[7].

Um dos traços que confere à festa de rua tal força efêmera consiste em que seu ato criativo é irreproduzível, quase impossível de se institucionalizar e de se vender, porque depende da urgência de quem está ali, em corpo presente, em pulso criador, cantando, dançando e celebrando num engajamento radical e vital. Por isso a cultura hip-hop não se resume apenas a um estilo de música ou de vestimenta. É um *life style*, uma maneira de viver e de enxergar o mundo, e isso não há como se vender ou reproduzir.

Discos, roupas, filmes podem ser vendidos, mas como fazê-lo com a celebração e o engajamento genuínos que se dão no momento presente da festa? Como vender uma cultura, uma celebração genuína? Como vender "o espírito da coisa"? Como reproduzir um canto, uma dança, um pensamento que nascem da urgência, sem urgência?

Outro fator importante a ser considerado ao analisar a cultura hip-hop é o seu surgimento em uma "festa de bairro". O bairro

---

7   H. Bey, op. cit., p. 17.

é o mediador entre os universos público e privado, em que a sociabilidade e a comunicação se oferecem de maneira específica:

O bairro proporciona às pessoas algumas referências básicas para a construção de um "a gente" [...]. Lugar de reconhecimento, o bairro nos coloca na pista da especificidade de produção simbólica dos setores populares na cidade. E não só na religiosidade festiva, mas também na expressividade estética.[8]

No hip-hop, a expressividade estética na busca por uma autorrepresentação – o "fazer e contar a sua própria história" – passa também pela questão do espaço geográfico, da convivência em comunidade, em um bairro. Perante mecanismos cada vez mais sofisticados e perversos de afastamento e isolamento em bairros-dormitórios, de comunidades consideradas "inadequadas" a residirem nos centros urbanos, a reorganização e ressignificação do bairro acontece como um "fato cultural", como um local onde a cultura "não é oficial, não é propriedade de ninguém [...] é um modo de ser, viver e morrer"[9] e se dá de maneira inevitável.

Nessa perspectiva, marcar o lugar de onde se veio (rua ou bairro), juntamente com o uso de um nome, tornou-se uma forma de afirmação e obtenção de reconhecimento. Um claro exemplo disso são as *tags*, assinaturas feitas com tinta ou sprays consideradas os primeiros grafites, que proliferaram por toda a cidade de Nova York entre os anos de 1970 e 80, e que, como "TAKI 183", "Stay High 149" ou "Mare 139", eram compostas pelos apelidos escolhidos pelos *graffiti writers*, como eram chamados os grafiteiros, seguidos por um número que dizia o endereço onde moravam. No caso de "TAKI 183", a *tag* que traz consigo o mito de ter inaugurado a febre do grafite em Nova York, por exemplo, "Taki" se refere ao diminutivo em grego para o verdadeiro nome do *graffiti writer*, Demetrius, enquanto 183 se referia ao número da rua onde ele residia, *183rd Street*.

Com *tags* o território era invadido, delimitado, disputado e "bombardeado" com grafites, como se pode observar em depoimentos e fotografias dos *writers* DURO e Greg, em *Hip-Hop Files*, da fotógrafa Martha Cooper:

---

8 J. Martín-Barbero, *Dos Meios às Mediações*, p. 277.
9 Ibidem, p. 278.

FIGURA 4: *Interior de trem bombardeado com* tags *em Nova York. Foto: Erik Calonius.*

A *tag* é a base do grafite e a fundação do grafite para mim é o meu nome. Foi aí que tudo começou – eu sendo o que eu queria ser. Eu era conhecido por fazer *tags* com rapidez. Quando eu passava por um trem, no tempo que você levaria para colocar seu nome três vezes, eu já teria pixado a porra toda![10]

Pode-se dizer que os grafiteiros tinham um lema: "Em Deus nós confiamos, nos transportes nós grafitamos."[11]

Em 1971, o *New York Times* publicou um artigo sobre o misterioso nome "TAKI 183", que se proliferava por toda a cidade. O texto tem enorme repercussão e inaugura uma nova era para o grafite, como observa Sacha Jenkins:

A notoriedade de Taki abriu alguns olhos de jovens que estavam "dormindo". Sua fama ajudou os meninos a compreenderem que as massas

10   M. Cooper, *Hip-Hop Files*, p. 51. "The tag is the foundation of graffiti and the foundation of graffiti for me is my name. That's where it all started from – me being what I wanted to be. I was known for the fasted tag. When I went through a train, in the time you'd put up your name three times, I would hit the hole fucking thing."

11   Ibidem, p. 28. "In God we trust, in transit we bom.b."

te ouviriam se você gritasse alto o suficiente. O fato de ele ser uma celebridade de grande alcance significava que você seria reconhecido em seu bairro como alguém – um alguém independente, que não tinha obrigação de fazer parte de nenhuma gangue de rua. Taki fez com que os meninos soubessem que era possível ficar sozinho e não ser incomodado, que você poderia ser ousado e original [...]. Habilidade e capacidade artística não tinham nada a ver com os primeiros trabalhos de Taki e seus "companheiros de canetão". Seus escritos eram mais simplistas, dizendo: "Olá, eu estive aqui" do que afirmações artísticas ou elaboração de técnicas inovadoras de pintura, o que iria mudar em questão de meses. Taki 183 personificou a arte de se afirmar (escrevendo, em tantos lugares quanto possível), como forma de superação.[12]

A partir das *tags*, o grafite foi o primeiro elemento do hip-hop a sair dos guetos e ganhar o centro, inundando visualmente a cidade de Nova York. Jovens conhecidos como *writers* ou *graffiti writers* ilegalmente cobriam com letras e desenhos os muros, as caixas de correio, os edifícios, os caminhões de lixo e sorvete, as portas de enrolar na frente das lojas e, claro, os seus principais alvos, os vagões dos trens metropolitanos, externa e internamente marcados com grandes desenhos e frases com letras coloridas, conhecidas como *throw-ups* e genericamente como *pieces*. *To bomb* era o verbo usado para designar o ato de grafitar de forma prolífica. "Bombardear" com identidade, com o seu nome o máximo de vezes possível, para que todos pudessem ver – e, paradoxalmente, principalmente no caso das *tags*, apenas um pequeno grupo pudesse entender do que se tratava. Além de *to bomb*, havia expressões como *burn* (queimar), que significava ganhar a competição entre os grafiteiros; *bite* (morder), copiar o estilo de um grafiteiro; e *wild style* (estilo selvagem), uma construção complicada de letras interligadas. Todas faziam parte

12 S. Jenkins, The Writing on the Wall, NAJP. "Taki's notoriety opened some sleepy young eyes. His fame helped kids to understand that the masses would hear you if you screamed loud enough. His wide-reaching celebrity meant that you would be recognized in your neighborhood as somebody – as an independent somebody, who had no obligation to no stinking gang. Taki let kids know that it was possible to stand alone and not get hassled, that you could be daring and original. Skill and artistic ability had nothing to do with the early works of Taki and his pen pals. Their simplistic writings were more about saying, 'Hello, I was here' than about making artistic statements or crafting breakthrough painting techniques – that would change within a matter of months. Taki 183 personified the art of getting up (writing, in as many places as possible) as a way of getting over."

do vocabulário e de uma conduta provocativa, ilegal, rebelde e até mesmo violenta em um processo crescente dessas prolíficas intervenções na paisagem urbana.

Além da interferência estética no campo formal, o conteúdo dos escritos e desenhos, que os trens carregavam de um lado para o outro das linhas, era a publicação a céu aberto das vivências pessoais dos grafiteiros atuando na vida da cidade. O grafite, embora seja uma escritura, ganha características da mensagem oral à medida que é uma composição visual de textura, cor, ritmo, movimento e sua percepção não se dá solitariamente, mas sim pública, coletiva e democrática. A matriz é escrita, mas diferentemente de um livro, muitas pessoas podem lê-la simultaneamente. É uma escrita que fala alto, um grito, como certa vez definiu o poeta Paulo Leminski.

O grafite também foi usado pelas gangues de rua para marcar território e manter inimigos a distância. Mas não necessariamente os *graffiti writers* faziam parte de gangues. Os trens eram como diários abertos que extrapolavam e subvertiam a ordem do público/privado, onde declarações de amor para namoradas e mães, códigos cifrados em letras misturadas, piadas, reclamações, ameaças, desejos e esperanças conviviam em um mesmo território.

A presença dos grafites era evidente e não só não podia ser ignorada como foi combatida por mais de dez anos. Em 1972, o então prefeito de Nova York, John Lindsay, anunciou a primeira "guerra" ao grafite. No *New York Times* aumentava a cada ano o número de manchetes que se referiam ao grafite como uma epidemia ou chamando para uma guerra contra o grafite. Nos anos seguintes, a MTA, *Metropolitan Transportation Authority* (Autoridade do Transporte Metropolitano), tentou de inúmeras maneiras defender os trens dos ataques, e durante a administração do prefeito Ed Koch uma nova guerra foi declarada ao grafite. Dentre as estratégias de combate, a mais utilizada e odiada pelos grafiteiros era a lavagem química conhecida como *the buff*. Um forte solvente de tintas foi especialmente desenvolvido para remover os grafites, e os trens passavam por chuveiros cheios dessa substância, onde eram lavados e enxaguados. Um método que usava 55 galões de removedor por trem e muitas vezes não removia a tinta por completo, e, nos casos em que

FIGURA 5 E 6: *"Mayor's Task Force on Grafitti, campanha antigrafite do prefeito Ed Koch.*

removia, cumpria uma função inversa já que fazia dos trens uma "tela em branco", o que era um convite a novos grafites.

Durante a campanha antigrafite do então prefeito Ed Koch, que adotava como *slogan* "Faça como os campeões, grafite é para 'perdedores'. Faça sua marca EM sociedade, não NA sociedade"[13], a pressão sobre os grafiteiros aumentava progressivamente. O ato de grafitar, antes considerado apenas uma perturbação da ordem pública, foi transformado pelos tribunais em espécie de "hipercrime punível nos termos de injúria, roubo e com encargos de transgressão penal"[14]. O tratamento dos agentes de patrulhamento MTA *Trainyards*, entidade responsável pelos trens, tornou-se mais agressivo. Os pátios onde ficavam foram contornados com cercas de 10 metros de altura cobertas com arame farpado e em alguns era comum a utilização de cães treinados.

Em maio de 1989, o último trem totalmente grafitado foi limpo na linha J e em 1990 quase todos os grafites nos vagões dos trens tinham sido apagados.

Mesmo com o fim dos grafites nos trens, o poder público continuou sua cruzada contra o "vandalismo". Em 1995, o prefeito Rudy Giuliani (1994-2001) criou uma força-tarefa especializada, A Força-Tarefa Antigrafite[15], no maior esforço de combate ao grafite já realizado nos Estados Unidos. Suas declarações e

13 "Take it from the champs, graffiti is for the chumps – Make your mark IN society, not ON society."
14 T. Wolf, America's Most Policed Art Form, *PopMatters*.
15 *The City's Anti-Graffiti Task Force.*

justificativas para a criação do programa ainda hoje residem nas páginas de arquivo da prefeitura de Nova York:

Por mais de vinte anos, o grafite tem desfigurado a propriedade pública e privada [...]. Os esforços conjuntos desta força-tarefa irão criar um esforço coordenado contra pichações para economizar bilhões de dólares para a saúde, habitação e educação [...]. O grafite não é uma arte. É um ataque à nossas comunidades e à nossa qualidade de vida.[16]

O grafite é um caso exemplar dentro da história do hip-hop: por trás da "guerra antigrafite" estava a guerra contra a genuína liberdade de expressão, contra a subversão que denunciava a indiferença e anunciava a presença que não podia mais ser desprezada, e que também estava imune a qualquer ofensa ou adulação que o poder público pudesse dispor para tentar controlá-lo.

Tamanho contra-ataque foi gerado ao grafite, porque ele representou um ataque público, muito visível e violento ao Estado. Era a prova cabal da existência de brechas, por onde os focos de resistência se infiltraram e figuraram como concorrentes na disputa pelo imaginário das massas. Como um dos elementos da cultura hip-hop, é também uma de suas vozes, que fala em silêncio por meio de cor e forma, escrevendo em letras garrafais e coloridas, por vezes tridimensionais, a existência da massa que sempre foi mantida afastada, na constante tentativa de pacificação do espaço público.

O combate ao grafite provocou uma tomada de posição clara de seus opositores, uma guerra que "tornou-se o último conservadorismo pós-moderno – uma forma de desviar o debate sobre a distribuição dos recursos e do direito ao espaço para o reino das aparências e estética"[17].

Os *graffiti writers*, em sua constante busca pela autorrepresentação, manifestaram-se na ilegalidade, na subversão, no autodidatismo e estavam longe de possuir uma característica prezada pelos que operam os dispositivos de controle: a submissão.

---

16 Mayor Giuliani Signs Executive Order Creating Anti-Graffiti Task Force, NYC. *gov.* "For more than 20 years, graffiti has defaced and disfigured public and private property [...]. The joint efforts of this task force will create coordinated effort against graffiti to save billions of dollars for health care, housing and education [...]. Graffiti is not art. It is an attack on our communities and our quality of life."

17 T. Wolf, America's Most Policed Art Form, op. cit.

Esse espírito libertário e destemido é conservado nas manifestações do hip-hop em todos seus elementos, até os dias de hoje, por aqueles que, mesmo diante de suas constantes transformações e até mesmo deturpações, compreendem o que o surgimento dessa cultura significou e ainda hoje significa para o jogo político de forças e para as artes em todo o mundo.

A cultura hip-hop também é conhecida como "cultura de rua", ou como a "escola das ruas". Uma rua que se configura como território de todos e de ninguém, da criação autodidata e onde se descobre constantemente em alternância criativa novas formas de comunicação. Os *playgrounds*, quadras, as esquinas e quarteirões converteram-se em pistas de dança, em espaço para shows; os muros e trens em telas de pinturas a céu aberto. E é nesse espaço em que as diferenças estão expostas à convivência.

O sul do Bronx, tradicionalmente um bairro de imigrantes, era conhecido nos anos de 1930 e 1940 como o bairro judeu. Após a Segunda Guerra, cerca de 170 mil pessoas, em sua maioria negros e latinos, mudaram-se para o bairro, durante um processo de "limpeza" (*gentrification*) de Manhattan. Durante os anos que se seguiram até os anos de 1970, o bairro não parou de receber imigrantes e se tornou um centro de convivência entre italianos, irlandeses, judeus e mulçumanos de diversas partes do mundo. Mas a presença dominante era de imigrantes vindos da América Latina, principalmente porto-riquenhos, seguidos por dominicanos, jamaicanos e cubanos. Em algumas áreas como do Brooklyn, do Harlem, como o Spanish Harlem, e do Bronx, pode-se afirmar que uma pequena América Latina havia se instalado na América do Norte.

É dentro desse processo de mestiçagem, que se presentifica nos mais diversos domínios, e não só no étnico, que pode surgir uma poética específica, que está interessada nos modos de articulação entre as linguagens colocadas em cena. A mestiçagem não se confunde com a presença de vários textos heterogêneos. Ela não é quantitativa, mas sim relacional. Não se categoriza, não é uma coisa nem outra, mas sim um ponto de encontro, de diálogo, de conflito. É metonímica, é marchetaria, colagem que inclui o outro e não mantém uma identidade anterior. Um pensamento interconexo que traz uma característica presente em todas as culturas que se alimentaram de outras: são culturas poéticas[18].

O aspecto latinizante que tinha o Bronx na ocasião do surgimento do hip-hop se materializou numa sociedade que "acumulou", que devorou o diferente, incorporando-o à sua cultura, criando assim uma nova ainda mais complexa.

Havia ainda um conflito constante, pois processos de mestiçagem, em que se criam esses mosaicos e as "ricas tapeçarias culturais", nunca são situações fáceis. São renovadores e aceleradores do conflito, geradores de encontros e desencontros, de "fatores casuais" e justamente por isso capazes de gerar novas manifestações culturais. São processos que estão situados na periferia, "nos gêneros marginais, nos 'gêneros mais jovens' e nos domínios estruturais fronteiriços", que "dão lugar aos mais ativos processos geradores de sentido e estrutura"[19]. Em última instância, processos tão potentes a ponto de criar uma cultura que iria se alastrar rapidamente por todos os locais onde a mesma situação de conflito se repetia.

Em meio ao ambiente conflituoso, muitas das gangues de rua existentes, influenciadas pela luta pelos direitos civis americanos e por líderes como Malcolm X, Ministro Farrakhan, Huey P. Newton e Angela Davis entre outros, transformaram seu foco de ação e se converteram em gangues de dança[20], ou grafite, ou "equipes de som e dança", que disputavam territórios e poder através da arte, mas ainda travando "batalhas", ainda no impulso da sobrevivência, com um *wild style*, expressão que é o título de um dos mais populares filmes feitos sobre hip-hop, dirigido por Charlie Ahearn e que passaria também a nomear um estilo de grafite, cuja construção de letras interligadas é bastante complexa.

Além disso, o "estilo selvagem" permaneceu fortemente em todas as manifestações da cultura: na dança de rua, em que o fato de a experiência do corpo estar colada à experiência da

---

18 Todo esse trecho sobre mestiçagem foi baseado em registros de falas feitos durante as aulas ministradas pelo Prof. Dr. José Amálio de Branco entre os meses de fevereiro a novembro de 2010 no Programa de Comunicação e Semiótica da PUC-SP.

19 I. Lotmann, *La Semiosfera*, v. 1, p. 241.

20 Um dos casos mais emblemáticos dessa "conversão" é o da gangue Black Spades que se converteu na Zulu Nation e mais tarde se tornaria a International Zulu Nation, uma das mais importantes organizações do hip-hop no mundo todo.

paisagem foi determinante para toda a estética dos passos e manobras, criando um estilo de dança de evolução incontrolável e incatalogável, dançada no asfalto em cima de pedaços de papelão, que estava sempre em mutação, em processo, com a invenção de novos passos a cada semana pelos *b-boys e b-girls*; na performance dos MCs, com seus jogos de pergunta e resposta e "marcadores de oralidade" como gritos de guerra (*Hey! Ho!*), onomatopeias, gírias e poesia ritmada, além do próprio microfone como elemento de poder, fálico e bélico; nos DJs, com a herança dos *sound systems* jamaicanos, fazendo com que bumbo e caixa batessem fortemente nos alto-falantes, além do desenvolvimento de técnicas de discotecagem que modificavam, cortavam, arranhavam (*scratching*), sampleavam[21], interferindo em músicas já existentes, recriando-as; no grafite, na ousadia da invasão noturna de pátios onde os trens ficavam estacionados a fim de "bombardeá-los" para depois vê-los cortando a cidade cinza com cores, ou em plena luz do dia, com *tags* em que ilegalmente assinavam seus apelidos num emaranhado de letras que se sobrepunham e proliferavam como um enxame de letras que zumbia o nome de seus autores evocando suas presenças.

21 O *sampling* (sampleagem ou sampleamento) é uma técnica que consiste em se extrair de uma gravação algum trecho da construção musical e utilizá-lo para a construção de uma nova gravação a partir de um processo de colagem musical. O trecho, chamado *sample*, é uma "amostra de áudio", um recorte musical, ou arquivo de som (instrumentos, batidas, vozes, ruídos) muito utilizado por DJs, músicos e produtores musicais na composição de músicas eletrônicas, techno, hip-hop, entre outros. O *sampling* geralmente é feito com um equipamento chamado *sampler*, ou usando-se um programa de computador especializado. No início, os *loops* (sequência contínua de *samples*) eram feitos a partir de fitas magnéticas, utilizando um gravador de rolo. Embora já fosse uma técnica usada anteriormente por músicos experimentais, foi dentro da cultura hip-hop que ela se desenvolveu ao máximo já que dentro do espectro da música popular, foi onde toda a construção musical se deu originalmente baseada no *sampling*. A construção de músicas a partir de *samples* foi, não só uma novidade técnica, mas sobretudo um avanço conceitual e até mesmo político, pois permitiu que a criação de músicas fosse feita com base em um conhecimento musical empírico autodidata e não só por músicos instrumentistas com o conhecimento musical clássico, como a leitura de cifras e partituras, por exemplo. O *sampling* é uma característica fundante da cultura hip-hop, e alguns autores chegam a se referir a ele como "a mais importante novidade formal trazida pelo rap", caso de E. Salles, *Poesia Revoltada*, p. 56, ou uma máquina do tempo musical, por ser capaz de trazer sons e vivências de outros tempos recontextualizando-os no presente.

FIGURA 7: *Vagão do metrô de Nova York grafitado por* DONDI, *no final dos anos de 1970.*

O "estilo selvagem", indomável e até mesmo agressivo está presente no corpo semântico da cultura, em que muitas das palavras usadas têm relação: "bater" e "quebrar", com o rápido; o brilhante, o *flash*, o grande, o urgente, com as cores fortes. É o caso do título de seus principais filmes-ícones que foram, em parte, responsáveis pelo espalhamento da cultura pelo mundo, como *Wild Style, Beat Street, Breakin'* e até mesmo o fenômeno pop *Flashdance*, que contém uma das primeiras aparições de um grupo de *b-boys* no cinema hollywoodiano[22].

Essa pulsão de vida explosiva se coloca em oposição à morte iminente planejada por um Estado que visa excercer o controle utilizando-se da ameaça e do medo da morte dos cidadãos como

22 Mr. Freeze, Ken Swift, Crazy Legs e Frosty Freeze da Rock Steady Crew (um dos mais conhecidos dos grupos pioneiros de *b-boys*) aparecem em uma sequência de *Flashdance* lançado pela Paramount em 1983. Crazy Legs ainda aparece na sequência final do filme como dublê da atriz Jenniffer Beals. Embora *b-boys* já tivessem aparecido em *Wild Style* um ano antes, foi com *Flashdance* que se tornaram nacionalmente conhecidos nos Estados Unidos e o nome *break dancing* foi popularizado.

"fundamentos universais da submissão. O Estado é quem detém o poder dessa ameaça, o "fazer-se terrível" onde "residem as origens da intocabilidade da sua acepção moderna"[23].

E é justamente a "profanação" dessa intocabilidade que está por trás da tinta na superfície dos vagões dos trens e dos muros da cidade. Frente a uma juventude que tinha a morte como companhia diária, o poder de ameaça do Estado encontrava-se enfraquecido, tendo em vista o contexto cotidianamente ameaçador no qual viviam.

Nesse contexto, o Estado era apenas mais um, apenas mais uma ameaça no meio de todas as outras. Ser um "assassino potencial de todos" já não era um privilégio somente seu, e o poder de dar a vida ou conferir a morte não era mais por ele monopolizado. A chamada "primeira geração do hip-hop"[24] que surge dentro desse contexto traz uma nova visão e comportamento que destoam da submissão esperada, pois viviam em um ambiente onde a qualquer momento podia-se morrer. Com isso, uma postura de "não se ter nada a perder" se estabelece e, em consequência, muda radicalmente a relação dos indivíduos com o medo e com a própria morte. Relação essa que pode ser identificada em diversos signos da cultura hip-hop. As próprias gírias utilizadas pelos grafiteiros como *def*, um "muito bom" derivado de *death* (morte), ou *kill*, que significava grafitar excessivamente com *tags* ou desenhos, ou mesmo em frases célebres nos grafites dos trens, como *Hell is for children* (Inferno é para as crianças), de Iz the Wiz, ou *Children of the grave* (Crianças da sepultura), de Dondi, revelam a incorporação orgânica do tema "morte" na cultura hip-hop. O medo da punição e das ameaças sofridas também se diluíam em meio à necessidade de expressão e, embora a mera existência do grafite, independentemente de seu conteúdo, já representasse uma afronta, mensagens diretas como a do grafite *Fuck the Buff* – MTA *System we give you a pay back* (Foda-se o "Buff" – Sistema MTA, nós vamos dar o troco!), do grafiteiro Seen, eram comuns nos vagões dos trens.

A ausência de submissão ao Estado e a relação com a morte também pode ser fortemente percebida em outra expressão do

23 P. Sloterdijk, *O Desprezo das Massas*, p. 47.
24 N. George, *Hip Hop America*, p. XI.

hip-hop: a música. A carta de intenção da geração que criou a cultura hip-hop, e que foi criada por ela, está explícita em nomes de bandas e letras de rap como as dos pioneiros Grandmaster Flash and the Furious Five com seu tratado musical "The Message"; o notório Public Enemy e seus raps "Fight the Power" (Lute Contra o Poder), "Don't Believe the Hype" (Não Acredite na "Onda", ou no que é exageradamente valorizado pelo "senso comum", instituições ou mídia) ou "911 is a Joke" (911 é uma Piada, 911 é o número de telefone da polícia americana), ou as explosivas composições do NWA, Niggaz With Attitude (Negros Com Atitude), como "Fuck the Police" (Foda-se a Polícia) ou "Express Yourself" (Expresse-se).

A ausência de medo da ameaça da morte e seu entendimento como parte integrada à vida também podem ser observados em letras de raps nacionais, em que, como em todas as periferias do mundo, a necessidade de autorrepresentação e livre expressão não era muito diferente. Versos como os do MC Thaíde, um dos primeiros a ganhar notoriedade como MC na cena do hip-hop nacional, demostram essa relação:

> já disse o que eu queria, vou me descansar
> você já me conhece, não vou me apresentar
> e pra você não se esquecer eu vou te lembrar
> *eu sou a própria morte, você não pode me matar*
> tenho a cabeça dura, não tente me mudar eu sou assim
> mesmo e nada pode me parar[25]

O hip-hop está inserido dentro de uma cultura viva cuja análise da sua produção artística ainda é a melhor maneira de conhecer sua própria história. As letras dos raps são suas teses filosóficas e sociológicas, encartes de discos servem como valioso documento iconográfico para se analisar o pensamento de uma época, resquícios de *flyers*, as filipetas de divulgação das *block parties*, mostram a simplicidade e ao mesmo tempo a audácia dos jovens que se organizavam e produziam festas em nome do direito de se expressar e festejar[26].

---

25 Thaíde & DJ Hum, Nada Pode me Parar, *Humildade e Coragem São Minhas Armas Pra Lutar*, faixa 5. (Grifo nosso.)

26 O "direito de festejar" foi eternizado na música "(You Gotta) Fight for Your Right (to Party!)", do Beastie Boys, do álbum de estreia *Lincensed to Ill*, lançado em 1986.

"A cultura, ao que parecia, tinha transcendido a política"[27] e o hip-hop foi a invenção coletiva de uma juventude que conseguiu canalizar e direcionar a força telúrica, tectônica, a energia que resultou da mestiçagem, para um jorro-esporro de spray, em uma destruição figurativa (que na verdade construía), como se pode notar no corpo semântico de seu vocabulário repleto de termos ligados a atitudes de ruptura, de "quebra": *bombing*, o bombardeio de grafites nos trens; *scratching*, o arranhar a agulha nos discos; cantar em cima de *beats* (batidas), ritmando a poesia, dançar girando de cabeça pra baixo em cima de *break-beats* (batidas quebradas). Toda uma geração de sobreviventes que, ao invés de sucumbirem a uma morte planejada, juntaram os pedaços, desceram para a arena e construíram uma cultura.

Isso fez alguma diferença.

---

27 J. Chang, *Can't Stop Won't Stop*, p. 38.

O hip-hop faz emergir uma voz que nasce dentro de uma cultura não só de resistência, mas de existência. O existir dessa VOZ, sua popularidade e alastramento por todas as periferias e centros urbanos do mundo é a prova da possibilidade que o homem tem de se reinventar. É a prova da existência de "brechas", da POSSIBILIDADE dentro da impossibilidade, da exceção dentro do Estado de exceção. Porque é uma resposta ao limbo do chamado "pós-moderno", e uma prova concreta de que depois das bombas e do nazismo, ao contrário do que já foi exaustivamente proferido, o projeto humano não está falido, simplesmente pela capacidade de renascimento que está implícita na sua condição, e pelo fato de existirem vozes que se levantam das ruínas e dizem: "eu sobrevivi, estou aqui, sou humano e acredito. Não vou morrer, nem desaparecer: vou CELEBRAR". É algo concreto: a utopia materializada em uma zona autônoma temporária, na fresta onde vivem as injunções, na festa "véspera de muita dor". Se deu e se dá não somente no plano das ideias, ou nos sonhos ingênuos e idealistas, mas se encontraram culturalmente materializadas pelos corpos de crianças e jovens que, contrariando expectativas nefastas, emergiram de um naufrágio planejado e não tiveram outra alternativa a não ser CRIAR para se manterem vivos. É a força do novo, a invenção do futuro, de uma cultura da rua, surgida da urgência, da estratégia instintiva de sobrevivência, da tensão entre a vida e a morte. Da fome que se transforma em alimento, da falta que é matéria de criação, da luta pelo direito sagrado à expressão. Da LUZ da música que ilumina as trevas, das cores do som que fez a própria luz. Da diáspora negra e latina, da inspiração do tambor, das canções de trabalho, das rezas, dos contadores de histórias, dos griots africanos, do blues, do jazz, do soul, do funk, do samba, da capoeira, e toda sorte de canções populares. De todas as vozes que, ao contrário de se calar, cantaram. Que, na dor, cantaram. Que, na alegria, cantaram. Que, na fé e na falta dela, cantaram. Dos espíritos imortais que guardam os segredos e de quando em quando os emprestam à humanidade, que um dia também será IMORTAL.

O jogo está sempre re-começando.

O SURGIMENTO DO MC:
A VOZ EM AÇÃO NA CULTURA HIP-HOP

A dope MC *is a dope* MC[28]

KRS-one, "Step Into a World".

Rituais e cerimônias fazem parte da vida do homem desde tempos imemoriais, e a história do mestre de cerimônias se confunde com a própria história dos cerimoniais, estando tradicionalmente ligado às funções de ordenar, conduzir, anunciar e organizar. Por isso é difícil precisar seu surgimento, mas sabe-se que em sua função social agia como "uma espécie de interlocutor da autoridade, transmitindo para os integrantes de uma reunião, cerimônia ou solenidade os propósitos e os desejos das autoridades constituídas"[29]. Encontram-se registros da presença do mestre de cerimônias em diversas culturas desde a Antiguidade grega, anunciando as fases das reuniões que aconteciam nos anfiteatros, na Roma antiga, na China, no Japão e na Rússia. Em nossa era, ele aparece na figura do arauto anunciando a entrada dos convidados em festas da nobreza, um mensageiro oficial, que fazia proclamações solenes, anunciava a guerra e proclamava a paz. O mestre de cerimônias também pode ser encontrado na tradição da Igreja Católica e de outras religiões em que é responsável pelo bom andamento cerimonial, conhecendo e zelando por suas regras e protocolos estabelecidos.

Com o passar do tempo, o mestre de cerimônias assume a voz própria, podendo até mesmo ser o autor do que será proclamado ou anunciado. Na sociedade contemporânea, como um anfitrião, é quem recebe, conduz e situa o público ou os convidados em eventos sociais e cerimônias, atuando como elemento de ligação entre um acontecimento e outro, realizando ações protocolares em banquetes, casamentos, eventos políticos, incentivando o público a interagir ou a dançar em festas e espetáculos, noticiando algum acontecimento importante e até mesmo opinando sobre um determinado assunto.

---

28 Um MC "foda" é um MC "foda".
29 M. Reinaux, *Apostila de Curso de Mestre de Cerimônias*, p. 4.

Numa visão mais ampla, Paul Zumthor nos fala sobre a formalização da poesia oral, que, por prescindir de uma performance e um código de conduta para sua realização, faz do poeta um mestre de cerimônias[30]. Essa visão aproxima-se do assunto que será tratado neste capítulo: o MC, ou *Emcee, master of ceremonies*, poeta oral surgido dentro do universo urbano da cultura hip-hop, inicialmente com as funções de promover o DJ, fazer a "ponte" e ser o elo de ligação e comunicação entre ele e o público. A sigla MC também é interpretada como *move the crowd* (agitador da multidão) justamente numa alusão a uma outra função que é conduzir o público dentro da "narrativa" da festa, mantendo-o animado e entretido, e *microphone controler* (controlador do microfone), já que o MC, de posse do microfone, é quem cria e desempenha o rap (ritmo e poesia), que em seus primórdios se constituía de apenas algumas frases de efeito, jogos de pergunta e resposta e pequenos refrões, e que se desenvolveu até chegar à composição de elaboradas rimas ritmadas que expressavam seus pensamentos e emoções.

Os MCs já foram associados a diversos tipos de poetas pertencentes à oralidade tradicional, desde os trovadores medievais aos contadores de história africanos, tendo até mesmo sido chamados de "*griots* pós-modernos"[31]. No mundo da música e do entretenimento, os primeiros grupos de jazz das décadas de 1930 e 40 faziam de seu líder um mestre de cerimônias que dava personalidade à banda, para que seu público pudesse identificá-la. Alguns deles faziam, o que já poderia ser considerado *raps* de estilo livre, como Cab Caloway, que para muitos é considerado o primeiro dos MCs, não só pelo seu estilo vocal, repleto de elementos rítmicos como os *scats*[32] imortalizados pela canção "Minnie the Moocher" e seu popular refrão-pergunta e resposta "Hide Hide Hide Ho!", mas também por sua performance enérgica e magnética, bem como por sua movimentação corporal, que, misturando sapateado com outras danças

---

30 P. Zumthor, *A Letra e a Voz*, p. 133.
31 A.C. Contador; E.L. Ferreira, *Ritmo & Poesia*, p. 38.
32 *Scat* é uma técnica que consiste num canto geralmente improvisado que vocaliza sem palavras, mas com sílabas, consoantes e onomatopeias. Seu uso mais conhecido é no jazz, onde os cantores reproduzem linhas melódicas dos instrumentos com a voz.

sociais das décadas de 1930 e 40, também é considerada como os primórdios da dança de rua.

Os estilos cômicos e rimas do comediante, músico, cantor e ator Rudy Ray Moore e da personagem Blowfly também são considerados influências sobre os MCs. Moore, mais conhecido pela personagem Dolemite do filme homônimo de 1975, se autoproclamou *the godfather of rap* (o padrinho do rap) e influenciou gerações com suas rimas e estilo. Blowfly é a personagem criada pelo letrista e cantor americano Clarence Reid. Vestia-se geralmente com roupas extravagantes e compunha letras de conteúdo sexual explícito, tinha um estilo de falar em rimas que é também considerado uma forma primitiva de rap. Suas músicas e discos eram populares nas festas dos anos de 1970, nos Estados Unidos.

James Brown, *the godfather of soul*, é citado como pioneiro na arte dos mestres de cerimônia por artistas como o MC KRS-one: "James Brown é o primeiro MC, e também o primeiro *b-boy*, o primeiro 'hip-hop'. [...] Suas letras, seus passos, tudo nele era hip-hop. Ele tinha sua própria gravadora. Isso fez com que as pessoas o imitassem."[33] Brown representou uma força cultural e política, sintetizando um pensamento libertário e afirmativo em um discurso autêntico que se dava não só no conteúdo político de suas palavras, mas na força de suas performances explosivas.

A emergência de líderes políticos e religiosos envolvidos na luta pelos direitos civis americanos, como Martin Luther King, Malcolm X, Angela Davis e outros líderes dos Panteras Negras e do movimento Black Power e de seu "braço" artístico, o Black Arts Movement, como Amiri Baraka e Maya Angelou, também é reconhecida como influência na formação do MC não só no nível ideológico e por sua capacidade retórica e poética, mas também em seu aspecto estético, na cadência e ritmo de suas falas, aspecto notório em famosos discursos como "I Have a Dream", de Luther King, ou no dircurso de Malcolm X no último ano de sua vida, no qual há a famosa passagem "by any means necessary". Esses líderes estão direta e indiretamente ligados à primeira geração do hip-hop e seus MCs, e é conhecida a sua

---

33 Depoimento de KRS-one em P. Spirer, *The MC: Why We Do It?*

FIGURA 9: *Cab Caloway. Foto: Willian P. Gottlieb/Biblioteca do Congresso.*
FIGURA 10: *James Brown. Foto: Heinrich Klaffs.*

influência sob um dos grupos considerados pioneiros no hip-
-hop e do *emceeing*: The Last Poets, grupo de poetas e músicos do Harlem, Nova York. Fundado em 19 de maio de 1968,
dia do aniversário de Malcolm x, os Last Poets emergiram do
Movimento Negro Nacionalista, radicais e com poemas furio-
sos, como "Niggers Are Scared of Revolution" ou "White Man's
Got a God Complex", que eram derramados sobre bases per-
cussivas e que pregavam uma atitude revolucionária e o despertar da consciência da comunidade negra para sua identidade
e libertação. Segundo Abiodun Oyewole, um de seus membros, o grupo foi formado em resposta ao assassinato de Martin Luther King: "Quando King morreu, eu sabia que eu iria
me tornar radical [...] eu poderia pegar uma arma ou pegar
uma caneta e lançar algumas bombas. Eu decidi pegar uma
caneta"[34]. Além dos Last Poets, são reconhecidos precursores

34 S. Griffee, Last Poets, Modern Hip Hop Inspiration, May Lose Home. NBC *New
York*. "When King died, I knew I was going to be radical [...] I could pick up
a gun or pick up a pen and drop some bombs. I decided to pick up a pen."

FIGURA 11 (alto à esquerda): *Malcolm X. Foto: Marion S. Trikosko/Biblioteca do Congresso.*
FIGURA 12 (alto, à direita): *Martin Luther King, Jr. Foto: Dick DeMarsico/Biblioteca do Congresso.*
FIGURA 13 (baixo, à esquerda): *Angela Davis. Foto: Domínio público/Photojournal.com*
FIGURA 14 (baixo, à direita): *Gil Scott-Heron. Foto: Artista/Photofest.*

FIGURA 15: *The Last Poets.*

do rap e do *MCing*: o grupo californiano Watts Prophets, que combinava jazz, poesia falada e performance e em 1971 já lançava um disco com o nome *Rappin'Black in a White World*; e o fundamental Gil Scott-Heron, músico escritor e poeta que, com sua voz poderosa e consciência política afiada, confrontou o sistema do *american way of life* com seu clássico "The Revolution Will Not be Televised", do álbum de 1970 *Small Talk at 125th and Lenox*.

Todas essas influências e antecedentes contribuíram para a formação do que viria a ser o MC, mas sem dúvida o fato definidor para seu surgimento dentro do hip-hop é o advento do DJ. A história do MC começa com a história do DJ. Não haveria MCs se não houvesse DJs! E é nas festas de rua, as chamadas *block parties*, que se dá esse encontro e onde surgem os primeiros rudimentos que servirão de base para o desenvolvimento de suas técnicas.

Ao menos uma coisa pode-se concluir a partir da literatura existente, relatos, fotografias, *flyers* e documentos que registraram a época: o espírito da *block party* era inclusivo e libertário. Um espaço aberto para a autoexpressão, autorrepresentação e o autodidatismo, onde a convivência em comunidade tornava-se possível. A primeira *block party* de que se tem notícia data do ano de 1973, no sul do Bronx, bairro periférico de Nova York, quando o imigrante jamaicano Clive Campbell, o lendário DJ

Kool Herc, toca em uma festa de volta às aulas, a pedido de sua irmã, Cindy Campbell, em um *playground* público. A festa ficaria conhecida em todo o mundo como o marco do surgimento do hip-hop[35] e o DJ Kool Herc como o seu pai e fundador. Remontando às suas origens jamaicanas, Herc trouxe para as festas de rua de Nova York seu conhecimento sobre a cena dos *sound systems*[36] e *disco mobiles* (sistema compacto de toca-discos móveis), e utilizava o microfone para se comunicar com o público durante suas discotecagens fortemente influenciado pelos estilos jamaicanos do *dub*, o *talkover, signifyin* e *toasts*, este último apontado, dentre todas, como a mais forte influência da performance do MC e considerado por alguns como o primeiro rap. O *toast* é uma espécie de canto falado em cima de batidas durante performances, muito popular nas festas de rua das periferias da Jamaica, em que DJs e mestres de cerimônia comentavam, nas suas intervenções, assuntos como a violência nas periferias jamaicanas, a situação política da ilha, feitos heroicos, o dia a dia das ruas, o tráfico de drogas, a prostituição além de narrativas com personagens ligadas ao folclore africano[37]. "Signifying Monkey", "Stagolee" e "Titanic"

35 Embora esse dia seja reconhecidamente um marco, há também outra data que seria considerada o começo da história da cultura hip-hop. Em registro oficial, a Universal Zulu Nation (maior organização de hip-hop do mundo, fundada por Afrika Bambaataa, um dos mentores da chamada "cultura de rua") aponta o dia 12 de novembro de 1974 como o "nascimento oficial do hip-hop", exatamente um ano após a fundação da própria Zulu Nation.

36 No contexto da cultura popular jamaicana, *sound system* é um termo usado para descrever uma "discoteca móvel", com uma massiva aparelhagem de som, principalmente alto-falantes, sempre comandada por um DJ. Considerado uma parte importante da história da cultura jamaicana e responsável pelo surgimento de diversos gêneros musicais jamaicanos modernos, o conceito do *sound system* se tornou popular na década de 1950, nos guetos de Kingston. Os DJs carregavam um caminhão com um gerador, toca-discos e alto-falantes enormes e assim estabelecia-se uma festa de rua.

37 Há fontes como Cf. Davey D., "Jack The Rapper": The Father of Black Radio, que creditam os DJs/radialistas das chamadas Black Radios (Rádios Negras) americanas como precursores dos *toasts* ou *toasting*: "Esses primeiros estilos de rima foram ouvidos por DJs jamaicanos que se inspiraram neles e, em seguida, usaram no que passou a ser chamado de *toast*." Jack the Rapper é considerado o pai das Rádios Negras nos Estados Unidos e faz parte de um grupo de pessoas que criou um estilo único de anunciar no ar com rimas e métricas. DJs de rádio famosos como Daddy O, Henderson Jocko e muitos outros, muitas vezes incorporavam rimas em sua conversa diária com os ouvintes. O DJ Mister Señor Love Daddy, interpretado por Samuel L. Jackson em *Do The Right Thing* (Faça a Coisa Certa), de Spike Lee, é um exemplo desse estilo.

FIGURA 16: *Flyer da Block Party, marco do surgimento da cultura hip-hop.*
FIGURA 17: *Kool Herc. Foto: Joe Konzo.*

são exemplos de *toasts* populares que trazem em comum as características desse gênero: linguagem acessível, significado claro e personagens facilmente reconhecíveis.

Ainda com influência da tradição jamaicana, Herc era popular graças ao seu equipamento de som, um dos primeiros do Bronx[38], e à potência de seus seus alto-falantes, conhecidos como Herculoids. É creditado a ele o início das experiências do que seriam os *breakbeats*, que consistia na colagem das músicas, geralmente solos percussivos, os *breaks*, a partir de dois toca-discos, dois discos de vinil idênticos, um *mixer*, numa técnica conhecida como *marry-go-round*. Os intermináveis trechos instrumentais de *breakbeat* tornaram-se terreno fértil e inspiração para que *b-boys* e MCs aprimorassem seus estilos de dança e rima. Com o passar do tempo e com o desenvolvimento das técnicas de DJ, cada vez mais elaboradas e complexas, tornou-se cada vez mais difícil para os DJs desempenharem também a função de fazer o elo com o público através de sua voz e animarem a festa. No caso de Herc, é nesse momento que entra em cena Coke La Rock, considerado o primeiro MC da história do hip-hop. Sobre as batidas do DJ Kool Herc (principalmente da música soul, funk e disco), Coke fazia discursos rítmicos, de maneira rápida, em um estilo que mais tarde se tornaria o rap. No recente *Born in the Bronx*, já considerado

---

38 Por volta de 1972, outro DJ, Kool DJ Dee já dispunha de um equipamentos conhecido como *coffin* (caixão) que consistia em uma caixa retangular contendo dois toca-discos e um *mixer*.

definitivo por muitos integrantes da cultura hip-hop, o MC Jerry Dee Lewis, conhecido como JDL, conta sua experiência na primeira *block party*:

Meus laços com o hip-hop datam de 1973, quando houve a primeira festa. Foi no número 1520 da Avenida Sedgwick no lado oeste do Bronx. Estavam o DJ Kool Herc e Coke La Rock tocando, e foi a festa mais prolífica da história do hip-hop. Eles tinham uns alto-falantes enormes que faziam o baixo bater no seu estômago e você podia ouvir cada instrumento claramente [...]. Depois disso, eu fui pra casa e não conseguia parar de falar daquilo e mal podia esperar pela próxima festa. Não havia MCs até então, mas Herc costumava dizer coisas no microfone [...]. Então Coke La Rock pegou o microfone e gritou o nome de todos os *b-boys* e *b-girls* [...]. E aquilo soou tão "chapante" que você ficava querendo que seu nome fosse dito também, porque aquilo significava que você era alguém.[39]

Além de Coke La Rock, se reuniram em torno de Herc um grupo com DJs, dançarinos e MCs que eram chamados The Herculords, do qual faziam parte, DJ Timmy Tim com Little Tiny Feet, DJ Clark Kent, the Rock Machine, o Imperial JC, Blackjack, LeBrew, Pebblee Poo, Sweet and Sour, Prince e Whiz Kid[40]. Toda essa movimentação leva Herc a ser mundialmente conhecido como *the father of hip-hop* (o pai do hip-hop).

A história de outro notório DJ, Grandmaster Flash, que desenvolveu e popularizou a técnica dos *scratch*[41] e inventou a *quick mix theory* que inclui técnicas como o *double-back, back-door, back-spin e phasing*, também se encontra com a história do surgimento do MC. Como Herc, Flash também se comunicava com o público usando o microfone durante suas apresentações, mas com o desenvolvimento das técnicas de mixagem,

---

39 J. Conzo et al., op. cit., p. 194. "My ties to hip-hop date back to 1973, when the first jam was ever given. It was at 1520 Sedgwick Avenue on the west side of the Bronx. It was DJ Kool Herc and La Rock playing, and it was the most prolific jam in the history of hip-hop. He had these really big speakers that had the bass in your stomach and you could hear every instrument clearly [...]. After that I went home and could not stop talking about that jam and I coudn't wait to go to the next one. There was no MCs at the time, but Herc used to say things on the mic [...]. Coke the La Rock would get on the mic and shout out all the b-boys and b-girls [...] and it sounded so dope that you could rock your name on it , because that would have meant that you was somebody."

40 J. Chang, op. cit., p. 81.

41 O *scratch* foi inventado pelo DJ Grand Wizard Theodore.

que ele aprendeu principalmente observando a técnica de Pete DJ Jones, não podia mais comandar o microfone. Sentiu logo a necessidade de juntar forças com MCS, que, ao assumir o microfone naquele momento, também tinham o papel de descentralizar a excessiva atenção dada ao DJ pelo público, que parava para observá-lo tentando entender o que eram aquelas novidades, fazendo com que a festa "parasse" para assisti-lo desempenhar a "nova técnica" (o que já na sua primeira apresentação, segundo relatos de Flash, não foi algo muito animador). Flash então pediu a dois amigos, Melle Mel e Cowboy, para que pegassem o microfone e improvisassem, para redirecionar a atenção do público, para que dançassem ao invés de ficarem parados assistindo a performance do DJ. A partir daí, além de Mel e Cowboy, Flash contava com a participação de Kidd Creole (irmão mais velho de Melle Mel) em suas discotecagens. O grupo se autodenominou The Three MCS e começou a escrever suas próprias rimas. Com a entrada de Rahiem Williams e Mr. Ness (Scorpio), eles se tornaram Grandmaster Flash and the Furious Five, grupo definidor dentro da cultura hip-hop e responsável por "The Message", lançado em 1982, divisor de águas por ser um dos primeiros raps gravado a discutir problemas sociais[42].

Completando a "santíssima trindade do hip-hop"[43], juntamente com Kool Herc e Grandmaster Flash emerge a emblemática e mítica figura do DJ Afrika Bambaataa, *the godfather of hip-hop* (o padrinho do hip-hop). Visionário, líder nato, a quem se atribui a fundação do hip-hop a partir da nomeação e organização de seus quatro elementos (*Djing, MCing, graffiti writing* e *b-boying/b-girling*) e pela transformação de uma das maiores gangues de rua do Bronx, a Black Spades em Zulu Nation (posteriormente Universal Zulu Nation, ainda em atividade nos dias de hoje). Criada em 12 de novembro de 1973, a Zulu Nation (da qual fizeram parte DJS, MCS, grafiteiros e *b-boys* como Grand Mixer D.ST, Fab 5 Freddy, Phase 2, Mr. Freeze, Dondi, Futura 2000 e Rock Steady Crew, para citar alguns)

---

42 Embora esse seja amplamente considerado o primeiro rap "político" da história, em 1980, dois anos antes do lançamento de "The Message", Brother D. e seu grupo Collective Effort gravaram "How We Gonna Make the Black Nation Rise?" com menor repercussão midiática, mas que já discutia abertamente a situação dos afro-americanos nos EUA.

43 Y. Bynoe, *Encyclopedia of Rap and Hip-Hop Culture*, p. 160.

FIGURA 18: *Grandmaster Flash and the Furious Five.*

fomentou o desenvolvimento dos elementos do hip-hop e teve importante papel na disseminação mundo afora liderada por Bambaataa, que se tornou uma das figuras mais emblemáticas do hip-hop, como sintetiza Jeff Chang:

Então, Bambaataa é a figura geradora, o incendiário Prometeu da geração hip-hop. Ele transformou seu ambiente em estrutura sonora e social e, ao fazê-lo, prenunciou as ideias que dariam forma à rebeldia de uma geração. Assim, muitos dos arquétipos da geração hip-hop parecem surgir a partir do corpo de fatos e mitos que representam a vida de Bambaataa Aasim como um padrinho, sim, mas também um *gangster* original, pacificador pós-direitos civis, agitador da luta negra, arqueólogo do *breakbeat*, interplanetário místico, teórico da conspiração, afrofuturista, ativista do hip-hop, *griot* do século XXI.[44]

Graças a seu uso antecipador de *drum machines* (baterias eletrônicas) e sons computadorizados e à criação do Electro Funk, com o lançamento de "Planet Rock"[45], em 1980, Bambaataa repre-

44 J. Chang, op. cit, p. 92: "So Bambaataa is the generative figure, the Promethean firestarter of the hip-hop generation. He transformed his enviroment in sonic and social structure and in doing so, he called forth the ideas that would shape generational rebellion. So many of the archetypes of the hip-hop generation seem to rise from the body of facts and myths that represents Bambaataa Aasim's life – godfather, yes, but also original gangster, post-civil rights peacemaker, Black riot rocker, and breakbeat archaeologist, interplanetary mystic, conspiracy theorist, Afrofuturist, hip-hop activist, twenty-first-century griot."
45 Em 1982, Bambaataa, influenciado pela cena musical "branca" apresentada a ele por Fab 5 Freddy, teve uma ideia para uma música que girava em torno da

FIGURA 19: *Afrika Bambaataa. Foto: Tommy Boy/Photofest.*

sentou um marco na maneira de se fazer música na década que se iniciava, e impulsionou o desenvolvimento de outros gêneros da música eletrônica como Miami Bass, House, Hip House, Techno entre outros. Influenciado por James Brown, Sly and the Family Stone, George Clinton e os vários grupos criados por ele, Bambaataa forma o grupo Soul Sonic Force e em 1982 são lançadas "Death Mix" e "Zulu Nation Throwdown", esta última gravada com o grupo que ele chamou de Cosmic Force.

Versos como "Para os 'festeiros' aí, nós queremos que vocês saibam, que somos os quatro MCs e nós somos as estrelas do

composição da banda alemã Kraftwerk "Trans-Europe Express", resultando no *single* "Planet Rock" um dos registros mais influentes na música de todos os tempos. Bambaataa chamou o "novo som" de Electro Funk, ou o Electro-Sound, e sampleou James Brown, o Parliament, e Sly and the Family Stone. Planet Rock estourou e vendeu mais de 620 mil cópias em todo os Estados Unidos.

show"[46] podiam ser ouvidos nos raps dos MCs do Cosmic Force, Chubby Chub, Ice-Ice, Little Ikey C e Lisa Lee. Esta última foi pioneira na arte do *MCing* juntamente com Sha Rock, do grupo Funky 4+1 (considerada a primeira MC da história do hip-hop), Lady B, Roxane Shanté, Paula (Paulett) & Tanya Winley, Pebbly Poo, além de grupos como The Sequence e Mercedes Ladies. A popularização do hip-hop e principalmente dos raps permitiu que DJs e MCs dessem início às primeiras gravações em estúdio. Notoriamente conhecido por ser o primeiro rap gravado[47], a música "Rapper's Delight" da Sugarhill Gang varreu os Estados Unidos no ano de 1979, tornando-se um dos mais populares raps de todos os tempos. Idealizada pela empresária Sylvia Robinson, proprietária da gravadora Sugar Hill Records, e feita com três MCs contratados, Henry "Big Bank Hank" Jackson, Guy "Master Gee" O'brien e Michael "Wonder Mike" Wright, a gravação da música surpreendeu a muitos, como declarou Chuck D, na época um jovem MC de dezenove anos:

> Eu não concebia que haveria tal coisa como um disco de hip-hop [...] Tipo, um disco? Porra, como você vai colocar três horas em um disco? [...] Bum! Eles fizeram "Rapper's Delight". E a ironia não era o tanto que tinha ficado longo, mas o tanto que tinha ficado curto. Eu fiquei pensando: "Cara, eles cortaram a coisa toda pra quinze minutos?" Foi um milagre.[48]

"Rapper's Delight" foi um "estouro", mas sua legitimidade foi contestada por conta dos MCs envolvidos, já que eles não pertenciam à cena das *block parties*. A Sugarhill Gang sofreu acusações de que era um grupo pré-fabricado e de que o projeto estava direcionado para fins puramente comerciais, que enlatava

---

46 "To the party people out there, we want y'all just to know that we are the four MCs and we are the star of the show."

47 Embora "Rapper's Delight" seja considerada a primeira gravação de um rap e um marco na história do hip-hop, ela foi precedida em alguns meses, pela gravação do rap "King Tim III (Personality Jock)", lado b do disco *Fatback XII*, da banda Fatback, com a participação do DJ de rádio Tim Washington, que se autointitulava "King Tim" e fazia as vezes de MC nas suas performances ao vivo. "King Tim III (Personality Jock)" foi, de fato, o primeiro rap a ser gravado.

48 J. Chang, op. cit., p. 130. "I did not think it was conceivable that there would be such a thing as a hip-hop record [...] I'm like, record? Fuck, how you gon' put three hours on a record? [...] Bam! They made 'Rapper's Delight'. And the ironic twist is not how long that record was, but how short it was. I'm thinking, 'Man, they cut that shit down to fifteen minutes?' It was a miracle."

o hip-hop a partir do momento em que transformava um complexo movimento cultural em quinze minutos de rap gravado e, num segundo momento, em três minutos (formato que tornava o rap exequível em rádios). Outra polêmica associada à música são rimas cantadas por Big Bank Hank, que seriam da autoria do MC Grandmaster Caz (*Cold Crush Brothers*) e que teriam sido "roubadas" e utilizadas sem crédito ou autorização[49].

Embora existam polêmicas em torno de "Rapper's Delight", ela foi responsável por abrir caminho para as primeiras gravações de discos de DJs e MCs como Kurtis Blow, Grandmaster Flash and the Furious Five, Afrika Bambaataa, The Cold Crush Brothers, Funky 4+1, Treacherous Three, The Sequence, Whodini, para citar alguns. A partir de então, a cultura hip-hop espalhou-se pelo mundo e nunca mais parou de se desenvolver, assim como seus MCs que, desde seu surgimento, com variadas técnicas e estilos, figuraram entre as mais expressivas vozes da cultura popular das grandes cidades.

A seguir será apresentado um pequeno apanhado de MCs pioneiros e imprescindíveis para o desenvolvimento dessa linguagem, com breves referências sobre suas carreiras. Certamente, não será a mais completa gama de MCs das "primeiras gerações", mas localiza alguns de seu principais nomes traçando um panorama:

– Coke La Rock, de origem jamaicana, amigo e parceiro musical do DJ Kool Herc, era integrante de The Herculords. É considerado o primeiro MC da história e a ele são creditadas expressões populares e usadas proliﬁcamente por outros MCs, como, por exemplo, "To the beat y'all" e "Ya rock and you don't stop".

– Kurtis Blow, que havia sido *b-boy* e DJ no começo dos anos de 1970, emergiu em performances como MC em *clubs* no Harlem e no Bronx, entre os anos de 1977 e 78, foi o primeiro a gravar um disco solo com sucesso comercial em uma grande gravadora: "Christmas Rappin'". Em seguida, no ano de 1980, foi lançado seu maior sucesso, "The Breaks", que ganhou um disco de ouro.

– O estilo narrativo entrou em cena e Grandmaster Caz, membro do Cold Crush Brothers, foi um de seus pioneiros,

---

49 Isso ﬁca comprovado na letra de "Rapper's Delight", onde Hank canta "Check it out, I'm the C-A-S-A, the N-O-V-A, and the rest is F-L-Y". "Casanova Fly" era o outro nome pelo qual Caz era conhecido. No ano 2000, Caz lança a música "MC Delight" na qual fala sobre a controvérsia.

FIGURA 20: *Coke La Rock.*   FIGURA 21: *Sha Rock.*

influenciando muitos artistas da sua geração e das gerações subsequentes. Caz também ficou conhecido como o primeiro MC a fazer rap e discotecar ao mesmo tempo.

– Sha Rock, do grupo Funky 4+1, é a mais celebrada MC da chamada *old school* do hip-hop. Pioneira, inspirou toda uma geração de mulheres MCs e fez parte do grupo US Girls com as MCs Debbie D e Lisa Lee.

– Mundialmente conhecido pelo clássico rap "The Message", Melle Mel é considerado o primeiro a tratar de assuntos sociais de maneira "consciente". Para muitos, a história dos MCs, rappers e até mesmo do hip-hop se divide em antes e depois de Mel[50].

– Keith Cowboy, como Melle Mel, era um dos Furious Five da trupe de Grandmaster Flash. Seu nome não é tão frequentemente lembrado quanto os de outros pioneiros, mas segundo relatos de Mel, ele era a espinha dorsal do grupo e o mais popular no palco, a quem o público respondia prontamente. Cowboy lançou as bases para a chamada "rotina" de "pergunta e resposta", tática usada por quase todos os MCs que vieram depois dele. Frases como "Throw your hands in the air" ou "Say hoooo!" fazem parte de suas criações.

50 Em virtude da relevância de Melle Mel e da polêmica em torno de "The Message", o assunto será retomado adiante em "'The Message': Função Social do MC, Autorrepresentação e Depoimento".

– MC do legendário Treacherous Three, Kool Moe Dee é conhecido por ter introduzido um novo estilo com rimas rápidas e com um conteúdo lírico. Ficou notabilizado nas chamadas batalhas de MCs, onde havia competições de rimas improvisadas conhecidas como *freestyle* (estilo livre), em 1981, numa época em que os "MCs de festa" estavam desaparecendo. Moe Dee, então um novato, entrou para a posteridade ao derrotar o legendário MC Busy Bee Starski.

– Formado por Run (Joseph Simmons), DMC (Darryl McDaniels) e Jam Master Jay, o Run-DMC é considerado a ponte estilística entre os pioneiros e a geração que viria a seguir. Em 1983, lançaram o seu primeiro single "It's Like That" que rapidamente se tornou um sucesso entre os *b-boys* de Nova York e em todos os Estados Unidos. O lado B do *single*, "Sucker MCs", graças a seu conteúdo crítico e mensagem é considerado o primeiro rap *hardcore*. Os MCs do Run-DMC foram os primeiros a cantar com uma banda "branca" de rock, o Aerosmith, no mega-hit "Walk This Way", do álbum *Raising Hell*, de 1986.

– LL Cool J, sigla para "Ladies Love Cool James", foi um prodígio e um dos primeiros MCs a ser considerado um símbolo sexual. Em 1984, aos dezesseis anos fecha contrato com a gravadora Def Jam Records que lança seu primeiro *single* "I Need a Beat". Logo após, em 1985, lança o álbum *Radio*, incluindo clássicos como "I Can't Live Without my Radio" e "Rock the Bells".

– Roxanne Shanté popularizou-se com "Roxanne's Revenge" música escrita aos catorze anos, em resposta à música "Roxanne, Roxanne", do grupo UTFO. Shanté, por vezes referida como a "primeira-dama do hip-hop", foi a única MC feminina da Juice Crew da qual faziam parte Big Daddy Kane e Biz Markie.

– Com letras inteligentes e um novo estilo de rimar, mais lento, leve, com inflexões jazzísticas e rimas internas que contrastava com o estilo eletrizado da época, Rakim, juntamente com o DJ Eric B, lança *Paid n' Full* em 1986 e reinventa o *flow* ("levada", fluxo). Rakim é enormemente respeitado dentro da cultura hip-hop e considerado por muitos o maior MC de todos os tempos.

– Messiânico e prolífico, KRS-one é conhecido como "o professor" ou "o filósofo", por seu ativismo em conservar os princípios do hip-hop e letras com alto grau conscientizador afrocentrista. É fundador do grupo Boogie Down Productions,

FIGURA 22: *Rakim. Foto: Mika V.*
FIGURA 23: *KRS-one. Foto: Photofest/USA.*

onde iniciou sua carreira como MC. Também é escritor e profere conferências sobre o hip-hop e outros assuntos relacionados a cultura e política em várias instituições prestigiadas por todos os Estados Unidos. KRS-one também foi um dos primeiros MCs a rimar sem batidas.

– Slick Rick, MC nascido na Inglaterra, mudou-se para o Bronx ainda criança. Influenciou geracões de MCs e rappers com sua arte de contar histórias em suas rimas. Rick personificou um novo tipo de MC, afável, com senso de humor e "sacadas" inteligentes. Em 1985, ainda sob o nome de MC Ricki D lançou, juntamente com Doug E. Fresh e The Get Fresh Crew, o *single* "The Show" e, em 1989, o seu grande sucesso *The Adventures of Slick Rick*.

– Nascida no Queens, em Nova York, MC Lyte começou a rimar aos doze anos de idade. Em 1988, lançou seu primeiro disco *Lyte as a Rock*. Lyte foi a primeira MC considerada "em pé de igualdade" com os MCs do sexo masculino de sua época.

– Filho de ativistas políticos, com uma postura extremamente engajada, explosiva e radical, Chuck D é o líder do Public Enemy e considerado uma das mentes mais brilhantes do hip-hop. Com uma voz poderosa e enérgica retórica política, seus raps se tornaram ícones na luta pelos direitos dos negros e antirracismo, em álbuns clássicos como *It Takes a Nation of Million to Hold us Back* (1988) e *Fear of a Black Planet* (1990).

FIGURA 24: MC *Lyte. Foto: Photofest*   FIGURA 25: *Chuck D. Foto: Fox/Photofest*

– Vindo da costa leste dos Estados Unidos, embora tenha nascido em Newark, Ice T é considerado um dos pais do *gangsta rap*. Seu disco de estreia, *Rhyme Pays*, foi lançado em 1987 e ganhou disco de ouro. "Colors", um de seus raps mais populares, fez parte da trilha sonora do filme homônimo de Dennis Hopper.

Embora esse e outros MCs não citados aqui apresentem diferenças fundamentais entre si, todos possuem algo em comum: tornaram-se conhecidos mundialmente e pode-se ter acesso a seus estilos e particularidades de discurso, graças aos registros fonográficos e audiovisuais de suas performances, pois, exceção feita aos relatos orais, não haveria como obter informações precisas sobre suas atuações se não fosse esses registros. A passagem das performances nas festas de rua, para a gravação de discos, assim como a emancipação da figura do MC, são pontos cruciais para que seja entendido como o seu papel e atuação foram se modificando através do tempo ao longo da história do hip-hop, até chegar nos dias de hoje. E dentro desse processo de desenvolvimento, a figura do MC se entrecruza com a figura do rapper.

RAPPERS X MCs,
EXISTE UM X NA QUESTÃO?

We got respect for you rappers and the way they be free-weighin
But if you're gon' be teachin' folks things, make sure you know
   [what you're sayin'
Older folks in our neighborhood got plenty of know-how
Remember if it wasn't for them, you wouldn't be out here now
And I ain't comin' at you with no disrespect
All I'm sayin' is that you damn well got to be correct
Because if you're gonna be speakin' for a whole generation
And you know enough to try and handle their education
Be sure you know the real deal about past situations
It ain't just repeatin' what you heard on the local TV stations
...Sometimes they tell lies and put 'em in a truthful disguise
But the truth is that's why we said it wouldn't be televised
They don't know what to say to our young folks, but they know
   [that you do
And if they really knew the truth...why would they tell you?[51]

GIL SCOTT-HERON,
"Message to The Messengers".

I go Uptown, I come back home
with who, me myself and my microfone
All my rhymes are sweet delight
So here's another one for y'all to bite
When I rhyme, I never quit
And if I got a new rhyme I'll just say it
Cause it takes a lot, to entertain
And sucker MCs can be a pain
You can't rock a party with the hip in hop
You gotta let em know you'll never stop

---

51 "Nós temos respeito por vocês rappers e pela maneira que pensam livremente. Mas, se vocês vão ensinar coisas pros camaradas, verifiquem se vocês sabem o que estão dizendo. Os mais velhos em nosso bairro têm muito conhecimento. Lembre-se que, se não fosse por eles, vocês não estariam aqui agora. E eu não estou desrespeitando vocês. O que eu estou dizendo é que vocês têm que ser muito corretos. Porque se vocês vão falar para toda uma geração. E sabem o suficiente para lidar com a educação deles. Tenham certeza de que vocês sabem sobre os reais acordos do passado. Não apenas repetindo o que ouviram nas estações locais de TV. Às vezes, eles dizem mentiras e colocam-nas em verdadeiros disfarces. É verdade é por isso que eu disse que não ela não seria televisionada. Eles não sabem o que dizer a nossos jovens, mas eles sabem que vocês sabem. E se eles realmente soubessem a verdade... por que eles diriam?"

The rhymes have to make (a lot of sense)
You got to know where to start (when the beats commence)[52]

Sucker MCS, Run-DMC

MC e rapper são termos que se misturam em sua utilização, sendo frequentemente empregados como sinônimos. Embora ambos tenham a criação e a performance do rap como principal forma de expressão poética (chamado *rapping* ou *MCing* e no Brasil "rimar"), eles trazem, enquanto conceitos, diferenças fundamentais entre si, sobretudo quando observados desde o seu surgimento, quando ainda era difícil definir a linha que separava um do outro (se é que ela existia), até os dias de hoje, onde é possível existir um rapper que não tenha relação alguma com a cultura hip-hop. Eis um tema que traz opiniões e visões divergentes e fronteiras que se esbarram e se confundem. Um tema capcioso e que pode ser tão relativizado que alguns preferem não usar sequer a terminologia MC ou rapper, preferindo uma expressão mais neutra como "rap artist" (artista de rap), como é o caso de Yvonne Bynoe, autora da primeira enciclopédia com verbetes sobre o rap e a cultura hip-hop: "Ao descrever as pessoas que fazem rap, eu uso o termo neutro 'artista de rap', em vez de usar o termo carregado de julgamento 'MC', ou 'mestre de cerimônias'. Para os muitos puristas do hip-hop, a designação MC só é concedida a quem atende a padrões subjetivos de criatividade e desempenho."[53]

Há quem diga que: os "verdadeiros" MCs devem ter a capacidade de improvisar rimas ao vivo, o chamado *freestyle*, e participar das "batalhas de MCs"[54]. Mas, se essa premissa for

---

52 "Eu subo pro meu bairro eu volto pra casa com quem? Eu, eu mesmo e meu microfone. Todas as minhas rimas são um doce deleite. Então aqui está mais uma pra vocês copiarem. Quando eu rimo, eu nunca paro. E se eu tenho uma rima nova eu vou dizer só isso. Porque não é fácil entreter. E MCs otários podem ser um saco. Vocês não podem agitar a festa com o hip-hop. Vocês têm de avisá-los que vocês jamais vão parar. As rimas têm que fazer (muito sentido). Vocês têm que saber por onde começar (quando a batida começa)."

53 Y. Bynoe, *Encyclopedia of Rap And Hip-Hop*, p. xvii. "In describing people who perform rap I use the neutral term 'rap artist', rather than the more judgement-laden term 'MC', or 'emcee'. For many hip-hop purists, the designation MC is only bestowed on those who meet subjetive creative and performance standards."

54 Forma competitiva de disputa com rimas improvisadas, muitas vezes julgada por um júri popular, onde um MC tenta superar o outro em inteligência, velocidade, fluxo e criatividade.

verdadeira, o que dizer do MC Rakim, que não compunha seus raps partindo necessariamente de *freestyles* ou de participações em batalhas e é considerado um dos melhores, senão o melhor MC de todos os tempos?

Em linhas gerais, pode-se afirmar que o MC, em relação ao contexto do hip-hop, nasce dentro dessa cultura e é parte constitutiva dela. Se apresentou como um de seus quatro elementos fundantes quando a cultura foi convencionada por Afrika Bambaataa, e é, portanto, indissociável de seus princípios. O MC tem a consciência do que representa o hip-hop, conhece sua história e as filosofias que nortearam essa cultura em sua formação. Sua ação está em relação a seus outros elementos e estes afetam sua expressão e discurso.

O rapper, embora tenha as mesmas raízes que o MC quanto ao seu surgimento, não necessariamente tem ligação com a cultura hip-hop e essa seria a principal diferença entre os dois. Nesse caso, pode-se dizer que todo MC é um rapper, mas nem todo rapper é um MC.

Partindo da função indispensável e de certo modo até mesmo "utilitária" de animar as festas usando cantos, jogos de pergunta e resposta e jargões, a atuação do MC começa a se ampliar e, a certa altura, incorpora poesias rítmicas mais elaboradas, *scats* e harmonias em suas performances. Tem início o desenvolvimento de uma linguagem com uma estética própria a partir da composição de raps com letras num primeiro momento improvisadas e, depois, pré-escritas. Surge, então, uma nova arte que começa a tornar os MCs o centro das atenções, como relembra Kool Moe Dee:

Chegou-se a um ponto em que a habilidade criativa do MC começou a colocar um pouco de lado o que o DJ fazia. É nesse momento que Melle Mel começa a se destacar. Ele podia rimar por horas [...]. Ele fazia um pouco de "animação" nas festas, mas o que ele fazia de fato era rimar. Nesse momento, você começa a ver a divisão no hip-hop, quando o público começa a frequentar para ouvir o MC, mais do que os *break beats*, ou só para se divertir.[55]

Além de "mover a multidão" (*move the crowd*), os MCs começam a "cantar raps", "rimar", enfim, eram verdadeiros rappers.

55 P. Spirer, *The MC: Why We Do It?*

FIGURA 26: *Grupo* RUN DMC *em cena do Filme* Krush Groove, *1985, de Michael Schultz. A partir da esquerda: D.M.C (Darryl Mc Daniels), Jam Master Jay (Jason Mizell), e Run (Joseph Simmons). Foto: Photofest.*

O autor de *Hip-Hop America*, George Nelson, atribui ao lançamento de "Rapper's Delight", da Sugarhill Gang, a popularização e uso do termo "rapper": "O título da canção deu aos MCs do *uptown* o título de rappers, que 'pegou', apesar de muitos da 'velha escola' desdenharem do rótulo rap até hoje e continuarem a usar MC."[56]

Essa visão reforça a ideia do rapper como um desdobramento do MC, que foi "rebatizado" a partir do momento em que estes começaram a produzir raps com letras e a gravá-los. O termo que designa a ação, *rapping*, pode ter derivado de *MCing*[57], muito embora o próprio Afrika Bambaataa apontasse a existência anterior do *rapping* e o que chama de "poetas-rappers":

Nós sempre tivemos rap na nossa comunidade. Você tinha Joe Cuba, Gil Scott-Heron, Last Poets, Shirley Ellis com a "The Clapping Song",

56 G. Nelson, *Hip-Hop America*, p. 29. "The song's title gave uptown MCs the title 'rappers', which has stuck, though many old-schoolers disdain the rap label to this day and continue to favor MC."

57 Y. Bynoe, op. cit.

"The Name Game", Pigmeat Markham, que veio com "Here Comes the Judge". Você também tinha discos de rock que traziam raps, como *Mama Told Not To Come / Joy to The World*. Sly and Family Stone tinham rap no seu segundo álbum. Havia rap sendo feito no rádio. Você pode ver de quão longe o "rapear", essa coisa da pergunta e resposta, vem mesmo de antes do nosso tempo. Voltando a Cab Calloway e todos os seus *scats*, até Isaac Hayes e Barry White. Você tinha poetas-rappers: Wanda Robinson, Maya Angelou, Last Poets.[58]

Além de popularizar o termo "rapper", foi a gravação de "Rapper's Delight" que abriu precedentes para que o rap começasse a se distanciar da junção de elementos que propunha a cultura hip-hop:

O rappers amadores da Sugarhill Gang nunca tiveram um DJ. Montada em uma tarde em Nova Jersey, eles eram uma criação de estúdio que nunca havia pisado em um palco até que seu *hit* se tornasse um sucesso nas rádios. O rap deles em "Rapper's Delight" era o tipo de coisa que soava bem não nas festas, mas nas cassetes piratas tocando nos táxis e nos *boomboxes* [grandes rádios portáteis também conhecidos como *guetto blasters*].[59]

De fato, com a gravação de discos, o elemento musical do hip-hop destaca-se dos demais, e a festa de rua, onde tudo teve início, não era mais fundamental para sua existência. É conhecida a resistência do DJ Kool Herc, considerado o pai da cultura hip-hop, à ideia da gravação de discos, pois previa que, no momento em que a música se destacasse das festas, seus valores iniciais como a convivência "corpo a corpo" e as

---

58 Ver Joe Conzo et al., *Born in the Bronx*, p. 17. "We always had rap in our community. You had Joe Cuba, Gil Scott-Heron, Last Poets, Shirley Ellis com a 'The Clapping Song', 'The Name Game', Pigmeat Markham, who came up with 'Here Comes the Judge'. You also had your rock records that had rap to them, like *Mama Told Not To Come / Joy To The World*. Sly and Family Stone had a rap in their second album. There was rapping that was done on the radio. You can see how far the rapping, call-and-response thing goes back, even before our time. Back to Cab Calloway and all those scats, all the way to Isaac Hayes and Barry White. You had the poet-rappers: Wanda Robinson, Maya Angelou, Last Poets."

59 J. Chang, op. cit., p. 132. "The rap amateurs of Sugarhill Gang never had a DJ. Assembled in a New Jersey afternoon, they were a studio creation that never stepped on a stage until after their hit became a radio hit. Their rap in 'Rapper's Delight' were the stuff that sounded good not in the parties, but on the live bootleg cassettes playing the OJ Cabs and on the boomboxes."

trocas culturais que ela propiciava se perderiam. O pensamento de Herc vem ao encontro da análise de Paul Zumthor quando analisa a perda da autonomia e condicionamentos sociais que se dão a partir da substituição da "voz em presença" por uma "voz mediatizada", presente em registros fonográficos:

O traço comum dessas vozes mediatizadas é que não podemos responder-lhes. Elas são despersonalizadas pela sua reiterabilidade, que lhes confere, ao mesmo tempo, uma vocação comunitária. A oralidade mediatizada pertence assim, de direito, à cultura de massa. Entretanto somente uma tradição escrita e elitista tornou cientificamente possível sua concepção; somente a indústria assegura sua realização material, e o comércio, sua difusão.[60]

Esse foi exatamente o caso de "Rapper's Delight", que parece ter sido feita sob medida para viajar o mundo e ser didaticamente acessível a pessoas que jamais haviam ouvido falar no rap, no hip-hop ou no Bronx: "O hip-hop foi refinado como açúcar. A tensão entre cultura e comércio se tornaria um dos principais enredos da geração hip-hop."[61]

Herc tinha razão em seu receio de que o "espírito" das *block parties* se esvaísse. Embora "Rapper's Delight" tenha sido responsável pela renovação da cena das festas em *clubs* no Bronx que estavam desaparecendo, as festas já não eram as mesmas assim como a interação dos elementos do hip-hop. Para Charlie Ahearn, diretor do clássico filme *Wild Style* sobre os primeiros passos da cultura hip-hop, os frequentadores das festas, a chamada *party people*, nunca estiveram tão passivos: "Ninguém mais dançava. Ponto! O rap se tornou o foco central. MCs estavam no palco e as pessoas ficavam olhando para eles [...]. Isso era em 1980. Em outra palavras, o hip-hop morreu por volta de 1980. Isso é verdade."[62]

Para uns o começo do fim, para outros o começo de tudo. Se, por um lado, a chegada e apropriação de um dos elementos

---

60 P. Zumthor, *Introdução à Poesia Oral*, p. 29.
61 J. Chang, op. cit., p. 134. "Hip-hop was refined like sugar. The tension between culture and commerce would become one of the main storylines of the hip-hop generation."
62 C. Ahearn apud J. Chang, op. cit., p. 132. "Nobody was dancing. Period! Rap became the focal point. MCs were onstage and people were looking at them [...]. This is 1980 [...]. In other words hip-hop was dead by 1980. It's true."

do hip-hop pela indústria fonográfica fez com que surgissem "cantores de rap", que não mais necessariamente se relacionavam com a cultura e seus elementos, por outro, foi essa mesma inserção mercadológica que representou o "abalo na tradição"[63] que possibilitou que a cultura ficasse conhecida no mundo inteiro por meio de filmes, músicas e videoclipes, que se popularizasse enormemente graças à proliferação e comercialização desses registros fonográficos e videográficos.

A festa passava a não ser mais necessária, e esse é um ponto crucial: se o MC é o "mestre" de alguma "cerimônia", ou seja, a "festa", a "celebração" no sentido de um intercâmbio vivo de experiências que ela traz, ele continua existindo quando não há cerimônia alguma?

De fato, eles continuaram existindo. Ainda que a festa já não acontecesse fisicamente, o papel do MC continuou vinculado, no mínimo, à consciência de sua existência como memória coletiva, em seu significado, sua vocação inclusora e comunitária, já que ela é a própria raiz da cultura hip-hop e dos elementos que a compõem. Isso se manifestou em diversos casos, como o do MC KRS-ONE, que vai ainda mais fundo na questão quando afirma que "o MC não deve ser entendido como 'rap', ritmicamente rimado ou a poesia falada. Esse é um aspecto, mas o aspecto mais profundo do MC é captar a consciência do público com qualquer coisa que saia da sua boca"[64]. E isso certamente pode ser feito a partir de uma gravação, como de fato foi, por diversos MCs.

Nesse sentido, os papéis, nomenclaturas e entendimentos se entrecruzam mais uma vez. Num salto no tempo, chegando ao Brasil de hoje, temos um caso notável: Mano Brown, membro de um dos grupos musicais mais importantes da história da música brasileira, o Racionais MC's. É inegável a sua capacidade de *move the crowd* ou de "controlar o microfone" e ser o "mestre-condutor" em qualquer "cerimônia" em que se apresente. Ainda assim, Brown é constantemente reconhecido como líder, vocalista ou rapper, embora a palavra MC faça parte do próprio nome de seu grupo e sua experiência de base até o

---

63 W. Benjamin, *Magia e Técnica, Arte e Política*, p. 169.
64 P. Spirer, op. cit.

envolvimento com o rap esteja diretamente relacionada à chegada da cultura hip-hop no Brasil:

Eu cheguei na São Bento no final de 1987, já começo de 88 [...]. Era como se eu tivesse chegado em Nova York, eu subi do metrô, quando cheguei lá em cima vi uns caras com uns rádios, umas roupas bem estilo mesmo. Coisa que a gente só via em filme. Aí eu cheguei e falei pro meu primo, o Blue, – "porra, mano, passei ali vi uns caras dançando, com a cabeça pra baixo, cara, estilo Nova York, bem louco. Tenho que te levar lá" – e demorei um mês para voltar lá e depois que eu voltei eu nunca mais parei de ir. Foi uma coincidência, é uma história longa. Deus conspirou para eu conhecer a São Bento.[65]

Ainda que o caso de Mano Brown seja específico, já que devido à sua relevância cultural, social e histórica, ele representa muito mais que somente um MC ou um rapper, ele é significativo na exemplificação de casos de rappers, que, embora não estejam ligados ao hip-hop, compreendem essa cultura e foram influenciados por ela, mas, por autodeterminação, não se consideram MCs.

Uma das maiores críticas relacionadas à total desvinculação dos rappers da cultura hip-hop é o fato de seus raps terem se tornado puramente comerciais e seu discurso ter se distanciado das premissas iniciais da cultura a ponto de invertê-las, o que possibilita que a existência de posturas extremamente misóginas, homofóbicas ou excludentes se legitime dentro de uma estrutura estética que anteriormente tinha como proposição a convivência da diversidade e uma atitude libertária, ainda que posturas contrárias já existissem dentro dela desde o início. Este é um assunto com muitos meandros e contradições internas, uma discussão em andamento, mas algo que se pode concluir a partir de uma primeira análise é que existem MCs/rappers atuando como vozes coletivizadas a serviço de uma

---

65   Mano Brown Completa 41 Anos, *Blog Poesia Ritmada*. A estação São Bento do metrô é conhecida como marco da chegada do hip-hop no Brasil. A dança de rua foi a porta de entrada da cultura no país, e essa estação era onde se encontravam os *b-boys* brasileiros. Grande parte dos DJs, grafiteiros e MCs dançavam. Thaíde, que além de MC também se denomina rapper, foi primeiramente dançarino antes de começar a escrever as suas primeiras letras. Toda a primeira geração de MCs estava inevitavelmente ligada à cultura hip-hop, pois o rap chega através dela.

comunidade e que, mesmo em gravações, têm a consciência do papel social que representam e são determinados e se determinam pelo contexto cultural no qual estão inseridos. Assim como existem rappers que estão a serviço "do rap" como discurso individualizado, que pode conter uma visão comunitária e discussões relevantes, ou até mesmo aqueles que acabam por criar um "culto à personalidade" como objeto central de seu discurso, e que, em alguns casos, representam ou identificam-se, de alguma forma, com interesses não necessariamente ligados aos da comunidade ou diversidade social na qual eles estão inseridos. Esse é outro ponto fundamental de distinção, já que a função social como porta-voz do coletivo foi uma das principais características do mc, desde seu surgimento, senão a mais relevante delas.

"THE MESSAGE": FUNÇÃO SOCIAL DO MC, AUTORREPRESENTAÇÃO E DEPOIMENTO

> *When you are an mc for a dj or crew you represent everyone, you are the voice of the group*[66]
>
> THE COLD CRUSH BROTHERS, Grandmaster Caz.

Um marco no desenvolvimento da performance do mc foi "The Message", de Grandmaster Flash and the Furious Five. Lançada em 1982 e cercada de polêmicas[67], é considerada a "letra-mãe" de todos os raps com conteúdo social e político que viriam a seguir. As letras começaram a refletir uma outra realidade

---

66 "Quando você é um mc de um dj ou de grupo, você representa a todos, você é a voz do grupo."

67 De acordo com J. Chang, op. cit., a música é uma composição do letrista e percussionista da Sugarhill Gang, Ed "Duke Bootee" Fletcher, coescrita por Melle Mel. Mel adicionou à música seu último verso de uma versão esquecida de "Superrapin". Grandmaster Flash e os Furious Five não queriam gravar a música porque a julgavam muito pesada para festas onde as pessoas iam pra "esquecer dos problemas da vida no gueto, e não para ficar lembrando deles". Ainda assim, os mcs foram para o estúdio convencidos pela produtora Sylvia Robinson de gravá-la, mas apenas Melle Mel funcionou como intérprete do rap. O resultado foi que no videoclipe os outros integrantes aparecem dublando a música. Depois de um ano, Flash deixaria a Sugar Hill Records, em meio a uma série de desavenças com Sylvia Robinson, principalmente no que dizia respeito a direitos autorais, pagamentos e problemas administrativos.

FIGURA 27: *Melle Mel. Foto: Samantha Lauren.*

diferente da atmosfera de festa dos primeiros raps e, após "The Message", a arte do MC nunca mais seria a mesma. Ela então reforça o seu caráter de apresentação como um "gênero oral em sua finalidade imediata e explícita" que se identifica com a vontade de preservação e expressão de um grupo social[68]. O MC, com a força de sua oralidade, é o porta-voz dessa vontade, como se pode constatar nestes trechos de "The Message":

> Broken glass everywhere
> People pissing on the stairs, you know they just don't care
> I can't take the smell, I can't take the noise
> Got no money to move out, I guess I got no choice
> Rats in the front room, roaches in the back
> Junkie's in the alley with a baseball bat
> I tried to get away, but I couldn't get far
> Cause the man with the tow-truck repossessed my car
> Don't push me, cause I'm close to the edge
> I'm trying not to loose my head
> It's like a jungle sometimes, it makes me wonder
> How I keep from going under
> [...]

68 P. Zumthor, *Introdução à Poesia Oral.*

A child is born, with no state of mind
Blind to the ways of mankind
Got a smile on you with these burning tooth
Cause only god knows what you go through
You grow in the ghetto, living second rate
And your eyes will sing a song of deep hate
The places you play and where you stay
Looks like one great big alley way
You'll admire all the numberbook takers
Dogpitchers, pushers and the big money makers
Driving big cars, spending twenties and tens
And you'll wanna grow up to be just like them
Smugglers, scrambles, burglars, gamblers
Pickpockets, peddlers and even pan-handlers
You say I'm cool, I'm no fool
But then you wind up dropping out of highschool
Now you're unemployed, all non-void
Walking around like you're pretty boy Floyd
Turned stick-up kid, look what you done did
Got send up for a eight year bid
Now your man is took and you're a Maytag
Spend the next two years as an undercover fag
Being used and abused, and served like hell
Till one day you was find hung dead in a cell
It was plain to see that your life was lost
You was cold and your body swung back and forth
But now your eyes sing the sad sad song
Of how you lived so fast and died so young.[69]

---

69 "Vidros quebrados por toda parte / As pessoas mijando nas escadas, você sabe que eles simplesmente não estão nem aí / Eu não aguento o cheiro, eu não aguento o barulho / Não tenho dinheiro para me mudar, eu acho que não tenho escolha / Ratos no cômodo da frente, baratas no de trás / Um drogado em um beco com um taco de beisebol / Eu tentei fugir, mas eu não pude ir muito longe / Porque o cara do reboque guinchou meu carro / Não me pressione, pois estou perto do limite / Eu estou tentando não perder a cabeça / É como uma selva às vezes, isso me faz pensar / Como é que consigo aguentar […] Uma criança nasceu, sem nenhum estado de espírito / Cega aos caminhos da humanidade / Sorriu para você, com seus dentes ardendo / Porque só Deus sabe o que você passa / Você cresce no gueto, vivendo de segunda classe / E seus olhos cantam uma canção de ódio profundo / Os lugares que você brinca e onde fica / Parecem um beco bem grande / Você vai contemplar todos os empregados da jogatina ilegal / Bandidos, traficantes, fabricantes de dinheiro / Dirigindo carrões, gastando notas de vinte e dez / E você quer crescer para ser como eles / Contrabandistas, trapaceiros, ladrões, apostadores / Batedores-de-carteira, vendedores-ambulantes e até mesmo pedintes / Você diz: eu sou legal, eu não sou idiota / Mas aí você acaba largando a escola / Agora você está desempregado, um zero à esquerda / Anda por aí se achando Pretty Boy Floyd [famoso ladrão

A letra é um depoimento sobre a vida nos guetos que trouxe identificação imediata não só para os garotos que cresciam no Bronx dos anos de 1980, mas para os garotos dos Estados Unidos e do mundo, que se encontravam na mesma situação. Meninos e meninas que igualmente experienciavam a pressão, angústia, violência, frustração e a luta diária pela sobrevivência. "Periferia é periferia em qualquer lugar", cantaria anos depois o MC e rapper brasiliense GOG em seu rap "Brasília Periferia", resumindo nessa "frase-conceito" esses sentimentos que os uniam. "Era impressionante alguém fazer uma letra assim, que pintava um retrato das coisas que aconteciam no bairro e no mundo todo"[70], comenta o MC Rakaa Iriscience, do grupo Dilated People, relembrando o impacto que "The Message" teve em sua comunidade.

Nesse "novo momento", os MCs faziam da observação das ruas matéria-prima para a sua poesia, enquanto a experiência e a transmissão do conhecimento individual tornavam-se coletivos através da voz de seus arautos urbanos, que, como vates contemporâneos, "adivinhavam" as necessidades e desejos da comunidade. A partir delas, construíam crônicas da realidade sem abdicar do ritmo e da poesia. O impulso dessa voz vai se radicalizando através dos tempos e se torna imperativo, em casos como o do grupo Public Enemy, que, em músicas como "Fight the Power", além de narrar a realidade, propunham ações e palavras de ordem e ação que se encontravam com ecos ancestrais em frases de artistas como James Brown (*Say it loud: I'm black, I'm proud!*[71]), Bob Marley (*Stand up for your rights*[72]) ou os cantos-falados dos Panteras Negras (*The Revolution has come, it's time to pick up the gun. Off the pigs!*[73]). O discurso do MC se radicalizou, assim como sua musicalidade, ritmo, prosódia, tonalidades de voz, em uma

de bancos] / Virou um garoto que assalta à mão armada, olhe o que você fez / Pegou oito anos de cadeia / Agora sua masculinidade foi tirada e você é uma boneca / Vai passar os próximos dois anos como uma bicha enrustida / Sendo usada e abusada, vivendo um inferno / Até que um dia você seja encontrado, enforcado em uma cela / Era fácil ver que sua vida estava perdida / Você estava frio e seu corpo balançava para trás e para frente / Mas agora seus olhos cantam uma canção triste / De como você viveu tão rápido e morreu tão jovem."

70 P. Spirer, op. cit.

71 "Diga alto: Eu sou negro. Eu tenho orgulho!"

72 "Levante-se pelos seus direitos."

73 "A Revolução chegou. É hora de pegar em armas. Abaixo os porcos (policiais, racistas)."

estética cada vez mais imbricada com sua ética. Uma retórica ritmada persuadindo corpos, sentidos, com ideias de convencimento imediato, pois iam ao encontro das necessidades de um público ávido por vozes que os representassem.

Ainda analisando essa voz do ponto de vista do discurso, é importante voltar a falar de uma chave fundamental: a autorrepresentação. Nesse caso, ela diz respeito não só a representar a si mesmo com suas próprias palavras, contando a sua própria história, mas também contá-la com uma estética própria. A autorrepresentação é característica do MC que, mediante um depoimento, caracteriza uma instância performática, em que arte e vida fazem parte do mesmo plano e não há dissociação entre ética e estética, como explica o DJ Eugênio Lima:

> quando falo de autorrepresentação, refiro-me a um posicionamento artístico, no qual as posições e as visões de mundo são matéria indissociável da construção artística, ou seja, a obra de arte como meio específico da vida e do discurso político do artista; que de posse da sua história pessoal a utiliza para um exercício de socialização de sua vivência transformando sua experiência individual na vivência do coletivo, sendo desta forma catalisador de uma história ancestral, tal qual o xamã ou o *flaneur*. Ritualizando sua experiência, consegue representar-se, da mesma forma que através do rito coletivo consegue sentir-se representado no conjunto da sociedade[74].

A utilização da primeira pessoa e de assuntos pessoais nos raps, e até mesmo íntimos, que poderiam ser motivo de distanciamento do público, porque personalizam excessivamente o depoimento, acabam por aproximá-lo, justamente por esse motivo. Um exemplo dessa aproximação é a homenagem que faz Mano Brown a sua mãe referindo-se a ela de forma muito pessoal no final o rap "Vida Loka Parte I": "Dona Ana, a senhora é uma rainha". Dona Ana, nesse caso, acaba por simbolizar, num país em que o abandono paterno é recorrente, a experiência e o sentimento de todos aqueles que foram criados somente por suas mães, consideradas "guerreiras" e que se tornam invariavelmente um forte modelo feminino e um exemplo a ser seguido e louvado. Muitas vozes acabam por serem representadas por uma única que resume e contextualiza uma experiência comum.

74 E. Lima, *Arte e Autorrepresentação*, p. 1.

Não se pode perder de vista que os MCs são poetas orais, e "em sociedades onde a classe dominante monopoliza as técnicas da escrita, tudo o que se refere a oralidade torna-se virtualmente objeto de repressão, e os poetas orais passam, com ou sem razão, a ser porta-vozes dos oprimidos"[75]. Há claramente um recorte de classe social segundo o qual o MC / rapper se torna uma "pessoa da palavra" que possui uma voz que exerce um poder de "chamado" em seus pares, e as palavras emitidas por ele são empoderadas, constituindo-se "palavras-força", como acontece nas "culturas do verbo", como as africanas por exemplo, em que o ritmo da voz viva determina as relações sociais e tem poder organizador como explica Zumthor:

O Verbo, força vital, vapor do corpo, liquidez carnal e espiritual, no qual toda atividade repousa, se espalha no mundo ao qual dá vida. Na palavra tem origem o poder do chefe e da política, do camponês e da semente. O artesão que modela seu objeto pronuncia (e, muitas vezes, canta) as palavras, fecundando seu ato. Verticalidade luminosa brotando das trevas interiores, ainda marcada, todavia, por estes sulcos profundos, a palavra proferida pela voz cria o que diz. Ela é justamente aquilo que chamamos de poesia. Mas ela também é memória viva, tanto para o indivíduo (para quem a imposição do seu nome deu forma), quanto para o grupo, cuja linguagem constitui a energia ordenadora.[76]

Os MCs figuram entre as mais expressivas vozes da cultura popular das grandes cidades, e até mesmo fora delas. São porta-vozes de uma poética urbana, que traz na sua expressão uma estética e um código de linguagem próprios e transitam livremente por diversos ambientes das artes e geralmente suas performances têm um forte impacto sobre o público. A construção de seu discurso se dá a partir da elaboração de elementos como a métrica, intensidade, composição rítmica e melódica, a poeticidade e capacidade de articulação de raciocício, além do contexto no qual essa voz é materializada, que faz parte de sua performance tanto quanto todos esses elementos.

---

75 P. Zumthor, *Introdução à Poesia Oral*, p. 231.
76 Ibidem, p. 65-66.

ALGUMAS CARACTERÍSTICAS E PARTICULARIDADES DA PERFORMANCE POÉTICA DO MC

Algumas características do MC podem ser reconhecidas a partir da observação de sua performance poética. Aqui serão brevemente abordadas relacionando-as à pesquisa e ao pensamento sobre poesia oral de Paul Zumthor.

Composição: Com raras exceções os MCs muito frequentemente são os próprios autores dos raps que vão performar. A composição pode partir do improviso, mas geralmente se dá a partir de um processo em que o texto passa da escrita para a fala, ou de uma "forma fixa" para uma "forma nômade"[77]. Em alguns casos, o texto é escrito como poema e depois colocado em uma forma métrica, em outros a escrita já é metrificada de acordo com o que será vocalizado.

Linguagem: Observa-se na performance do MC o uso de recursos como gírias e expressões idiomáticas, neologismos, marcadores de oralidade, onomatopeias, o "cantar como se fala". Com uma função diretamente ligada à recepção por parte do público, pode ser traçado um paralelo entre uso de fórmulas pelo MC e "expressões formulares", na forma poética das epopeias da qual nos fala Zumthor:

a fórmula fixa e mantém; com tendência para a hipérbole, ela é a prova da aceitação, pelo poeta, da sociedade para qual ele canta: porém ele aceita esta sociedade não tanto por escolha pessoal, mas por causa do papel que lhe foi confiado pela coletividade, de conservador e de arauto. Simultaneamente signo e símbolo, paradigma e sintagma, a fórmula neutraliza a oposição entre a comunidade da língua e a descontinuidade dos discursos[78].

Flow, métrica e rima: Embora exista uma variedade enorme de estilos, há procedimentos que são comuns a todos os MCs ligados aos processo de composição e de articulação das poesias, como a criação de poemas rimados e sua metrificação, além do *flow*, a "levada" do MC, a habilidade de manter o fluxo de ideias somada à capacidade de distribuí-los de forma

---

77 Idem, *Escritura e Nomadismo*, p. 53.
78 Idem, *Introdução à Poesia Oral*, p. 124.

criativa e harmônica do *beat* (batida). A batida é a base, que se repete em *loop*, e a maior parte da variação rítmica se dá na métrica, geralmente propositiva, que pede destreza e habilidade. Relacionando-os com o pensamento de Zumthor sobre a forma, *flow*, métrica e rima estão ligados a procedimentos formais no sentido de que "em sua conciência poética a forma não é um esquema, [...] não 'obedece' a nenhuma regra porque ela *é* a regra, recriada sem cessar, ritmo 'puro' (no duplo sentido da palavra), só existindo pela e na paixão particular, a cada momento, a cada encontro, a cada qualidade de luz"[79].

Relação com o DJ e o Beat: O *beat* é a base rítmica sobre a qual o MC rima. Geralmente saída dos toca-discos, ela é o elo entre o MC e o DJ. O canto rimado por cima de uma base rítmica é algo muito antigo, já presente milenarmente em certas tribos africanas, e o *beat* pode ser comparado ao tambor ancestral, como um pulso que mantém o chão sobre qual o MC sustentará sua poética:

Fonte e modelo mítico dos discursos humanos, a batida do tambor acompanha em contraponto a voz que pronuncia frases, sustentando-lhe a existência. O tambor marca o ritmo básico da voz, mantém-lhe o movimento das síncopes, dos contratempos, provocando e regrando as palmas, os passos de dança, o jogo gestual, suscitando figuras recorrentes de linguagem: por tudo isso, ele é parte constitutiva do "monumento" poético oral.[80]

Por vezes a relação entre DJs e MCs é tão simbiótica que diversos artistas ao longo da história do hip-hop se apresentavam como duplas indissociáveis, como é o caso do DJ Jazzy Jeff and The Fresh Prince, Erik B. & Rakim e os brasileiros Thaíde & DJ Hum.

Refrões: Em quase todos os raps, os MCs compõem refrões que geralmente são cantados por eles mesmos, frequentemente por algum artista convidado, geralmente cantoras. Os refrões muitas vezes são mais melódicos do que a maior parte das letras dos raps e podem conter citações e samples de outros artistas. Zumthor nos fala sobre os efeitos que o refrão pode ter sobre suas funções:

79 Idem, *Escritura e Nomadismo*, p. 81.
80 Idem, *Introdução à Poesia Oral*, p. 124.

FIGURA 28: *Thaíde e DJ Hum. Detalhe da capa do LP* Humildade e Coragem São Nossas Armas Para Lutar.

Quanto ao efeito semântico assim produzido, ou ele [o refrão] contribui para reforçar o significado das partes precedentes ou seguintes; ou introduz no cenário um elemento novo, independente, muitas vezes alusivo, ambíguo, intencionalmente contrastante. A autonomia e a mobilidade do refrão favorecem os jogos intertextuais: texto ou melodia podem reproduzir ou parodiar uma canção anterior, qualquer poema escrito ou oral.[81]

Microfone: Ter a voz amplificada por um microfone é rotina para todos os MCs. O microfone é um signo muito forte dentro do hip-hop, que traz o poder de falar e ser ouvido sobre batidas em um volume muito alto. Diversos MCs se referem ao microfone em títulos e letras de raps como Rakim em "Microfone Fiend" (Viciado em Microfone) ou NAS em "One Mic" (Um Microfone).

Nomes de MC: A maior parte dos MCs (e rappers) se renomeia usando um nome artístico, um apelido, de acordo com suas características particulares, e esse nome funciona como um signo indicial. Há nomes que trazem cunho racial e de irmandade (Mano Brown, Gaspar, Criolo, Kidd Creole), que usam aumentativos (Grandmaster Caz, Raphão, Sandrão,

81 Ibidem, p. 196.

FIGURA 29: MC Jack. Foto: Cassimano   FIGURA 30: GOG. Foto: Tatiana Reis.

Helião), componentes étnicos e religiosos (Rakim, Bahama-dia, Dugueto Shabazz), siglas e consoantes (Chuck D, KRS-one, Mike D, MCA, Ice-T, Easy E, LL Cool J, Jay-Z, DMC, GOG, Dina D; Ndee Naldinho), que se utilizam do prefixo MC (MC Shan, MC Jack, MC Lyte, Doctors MCs, MC Solaar), com apelidos, tro-cadilhos, humor, comentário irônico e acidez (Pepeu, Emicida, Sabotage, Max B.O, Xis Kamau). Esses nomes lhes conferem uma identidade social, uma "marca" pela qual podem ser reco-nhecidos pelo seu público.

Relação com o Público: Lidar com o público, no corpo-a--corpo, no aqui-agora do pacto que se estabelece entre emissor e receptor, também é algo presente na performance poética do MC, que implica competências do improviso, não necessariamente como no *freestyle*, mas na capacidade de conduzir a performance de acordo com o que acontece de maneira inesperada *in loco*:

A performance propõe um texto que durante o período em que existe não pode comportar nem arranhões nem arrependimento: mesmo que tivesse sido precedido por um longo trabalho escrito, ele não teria, na condição de texto oral, rascunho. Para o poeta, a arte poética consiste em assumir esta instantaneidade, em integrá-la na forma de seu discurso. Daí a necessidade de uma eloquência particular, de uma facilidade de dicção e de frase, de um poder de sugestão: de uma predominância geral de ritmos. O ouvinte segue o fio, nenhum retorno é possível: a mensagem deve atingir seu objetivo (seja qual for o efeito desejado) de imediato. No quadro traçado por tais limitações, a língua, mais que na liberdade da escrita e qualquer que seja a visada que oriente seu emprego, tende ao imediatismo, a uma transparência, menos do sentido que de seu ser próprio de linguagem, fora de toda ordenação possível.[82]

TRABALHO DE CAMPO:
SHOW DO MC ZINHO TRINDADE

Desde seu surgimento, a atuação do MC sofreu uma série de transformações, e ele é hoje uma figura que transita por muitos universos, metamorfoseando-se de acordo com o contexto no qual materializa a voz em sua performance poética: na música, em que também se desdobra na figura do rapper; através da articulação do *spoken word*[83] nos *poetry slams*[84]; no teatro e no cinema, como ator-MC ou somente como MC; nas rinhas e batalhas de MCs, por meio da articulação do *freestyle*; como poeta, nos saraus de poesia urbanos; como educador, ensinando as técnicas em aulas em projetos sociais, ou no papel do apresentador, mestre de cerimônias no sentido estrito da palavra, com a função de fazer a ponte entre o público e o que é apresentado em eventos, apresentações ou shows.

No intuito de trazer a observação dos procedimentos do MC em ação na atualidade, foi feita uma análise *in loco* de um dos shows do MC Zinho Trindade. A escolha de Zinho baseou-se no fato de ele ser um MC que transita por vários universos. Além do trabalho musical com sua banda, participa ativamente de saraus e *slams* como poeta e apresentador, faz parte do espetáculo *Solano Trindade e Suas Negras Poesias* da companhia teatral da Capulanas Cia. de Arte Negra, é arte-educador que promove oficinas de rima, já participou de batalhas de MC e se utiliza do *freestyle* em suas performances. Além disso, ele é herdeiro da tradição da família Trindade, do importante poeta negro Solano Trindade, e traz em seu depoimento artístico e

---

82 Ibidem, p. 133.
83 Termo difundido nos anos de 1990, traduzido literalmente como "palavra falada", ou, em termos poéticos, "poesia falada", o *spoken word* é basicamente uma performance na qual pessoas recitam textos. Pode acontecer em várias linguagens: literatura, artes plásticas, música, sempre com foco na oralidade.
84 *Poetry slams* ou *slams* são encontros de poesia em que há performances de *spoken word* geralmente em forma de competição. Assunto que será desenvolvido em "O Ator-MC e o Universo do Poetry Slam e do Spoken Word".

estético, misturadas ao hip-hop, influências e referências laten-
tes de manifestações da cultura popular tradicional e oral como
o maracatu, o jongo, o candomblé e a capoeira, além da mili-
tância na luta pelos direitos dos negros e da inserção da cultura
de matriz africana no Brasil.

Segue o relato de um show que aconteceu no Espaço Uru-
cum, no bairro de Pinheiros, em São Paulo, na noite de 19 de
março de 2010:

*O MC Zinho Trindade começa mais uma apresentação do seu show
O Legado de Solano. No palco apenas os instrumentos e microfone
estão montados e iluminados. Aos poucos, o público é orientado a
se dirigir a uma escada que leva ao andar superior, um andar a céu
aberto de um prédio de dois andares, onde a única luz é dos prédios e postes de luz dos arredores. Uma voz vinda de um megafone,
rompe o burburinho do público entoando os versos da tradicional
canção do maracatu. É o MC Zinho Trindade que entoa:*

> Meu maracatu é da Coroa Imperial
> Meu maracatu é da Coroa Imperial
> É de Pernambuco, ele é
> Da Casa Real [...].

*Logo os músicos se juntam a ele e, com os instrumentos percussivos:
alfaia, pandeiro, agogô, gonguê, acompanham o MC que andando
pelo público, saudando e cantando, encaminha-o para o andar infe-
rior onde fica o palco no qual o show acontecerá. Zinho, empu-
nhando um megafone, traz em sua voz a latência do legado e tradição da família Trindade. Escolhe começar seu show espacialmente
em outro plano, um andar acima de onde fica o pequeno palco em
que irá acontecer o show de fato. O público, em um plano acima,
assiste o MC evocar sua ancestralidade, sua raiz, evocar a memória
dos cantos que lhe foram ensinados, e em seguida é convidado a
se deslocar espacialmente para um plano abaixo. Como num rito
anscestral organiza-se um cortejo. Um cortejo em pleno centro da
cidade. E todos são transportados para o andar de baixo pelo som
e pela voz do MC que continua a entoar os versos do maracatu.*

*Durante a descida, Zinho vai na frente, megafone em punho,
abrindo caminho e levando o público que, guiado por sua voz, se*

dirige até o local do show. Num dado momento, no corredor de acesso ao palco, MC e músicos param emparelhados e o público é obrigado a passar por eles, a atravessar a massa sonora de voz e instrumentos, passar por dentro do maracatu para ser saudado pela voz que o entoa.

O show abre com "Nossa Cultura", música de autoria do próprio Zinho: "Oh, meu leão coroado, oh, minha cambinda sagrada", entoa, numa mistura de canto tradicional, rap e embolada. Acompanhado por guitarra, baixo acústico, bateria e percussão, o MC canta composições próprias, raps, poemas musicados, para um público que responde energicamente às chamadas de sua voz.

Num dado momento, surge o poema de Solano Trindade "Tem Gente Com Fome", que é apresentado em forma de música e, ao encadear repetida e ritmadamente a frase "tem gente com fome", o MC cria a imagem sonora do movimento do maquinário de um trem, como acontece no poema "Café Com Pão", de Manuel Bandeira. A palavra se transforma na lenha que alimenta a fornalha do trem, que coloca a máquina em movimento: "Tem gente com fome, tem gente com fome, tem gente com fome." O ritmo cresce vertiginosamente até que, num rompante, o MC desce do palco se misturando com o público e, como numa brincadeira de carnaval, puxa um trenzinho. O público – a maior parte imediatamente, alguns poucos com certa resistência – adere à brincadeira e segue o MC que, ao imitar o apito do trem com a voz, vai marcando a oralidade, enquanto transitam por todo o espaço. Seus corpos se transformam em vagões, suas vozes em seu apito, juntamente com a do maquinista, o MC, que coordena toda a ação até seu ápice e esgotamento, quando volta para o palco e finaliza a música agradecendo os aplausos de um público que também aplaude a si mesmo, já que efetivamente participou da construção daquele momento de poeticidade corporal e vocal.

Ainda no que diz respeito à participação do público, um recurso muito utilizado por MCs durante suas performances é o jogo de pergunta e resposta. No caso de Zinho, ele se utiliza desse recurso perguntando:

> – O que é que eu sou?
>
> E o público responde:
>
> – Negro!
>
> – E todo mundo aqui é?
>
> – Negro!
>
> – E o Brasil todo é?
>
> – Negro!

A resposta vem de um público composto não só de negros, mas de uma diversidade que, naquele momento incitada pelo MC, *se irmana em toda significação e conteúdo semântico que a palavra "negro" assume no momento em que respondem juntos em coro.*

Em um dado momento, ainda no jogo de pergunta e resposta, Zinho diz "Diga, Solano", "Diga, Trindade" e o público responde ao MC *entoando o nome do poeta Solano Trindade. Ele evoca a memória de seus antepassados por meio da sua oralidade, em ritmo e poesia, como seu bisavô preconizou em uma conhecida frase atribuída a ele: "Estou conservado no ritmo do meu povo. Me tornei cantiga determinadamente e nunca terei tempo para morrer."*

Zinho também evoca a memória de seu bisavô no teatro. Ele participa do espetáculo teatral Solano Trindade e suas Negras Poesias *da* Capulanas Cia. de Arte Negra *no papel de* MC, *há a sua metamorfose em um vendedor ambulante de trem, que convida os espectadores a "embarcarem" no espetáculo, um Poeta que se torna a voz do grupo entoando a música-tema das Capulanas, a entidade Seu Zé Pelintra. Zinho dá voz a composições próprias, recita poemas do Solano Trindade, faz rezas, recebe o público, representa e canta, tendo sempre a palavra como foco principal. Sua experiência no teatro fica visível em seu show pela sua forte presença cênica e traquejo com o público.*

Em outro momento do show, numa espécie de embolada que lembra os cantadores nordestinos, Zinho dispara rimas improvisadas em freestyle *em que vai relacionando a cultura popular, referências tradicionais, fatos da atualidade política do país e os acontecimentos que vai observando do show, do ponto de vista do palco, envolvendo o público e suas ações em sua rimas.*

Os jogos de pergunta e resposta se repetem, a interação com o público cresce até que o show chega a seu fim e chegando a esse ponto.

O MC *agradece a todos pela presença.*

FIGURA 31: *Show do* MC *Zinho Trindade. Foto: Joseh Silva.*

POR VONTADE DE CRIAR,
SE JUNTARAM DIFERENTES.
TINHAM DIZERES URGENTES,
PRA CONTAR PRA TODA GENTE.
SOMANDO CONHECIMENTOS DE ARTES PARENTES
OBSERVARAM AS RUAS;
E, DO QUE VIRAM, FIZERAM LINGUAGEM
INSPIRAÇÃO PERMANENTE.
MANIFESTOS CULTURAIS,
NASCIDOS DA CULTURA DA RUA
COMEÇARAM A FAZER
ENTÃO COMEÇOU UM BOATO
QUE UMA GENTE PRATICAVA O ATO:
DENUNCIAVA E QUESTIONAVA O SISTEMA EM QUE VIVIA
FAZENDO DIALOGAR DIFERENÇAS
TUDO NA BASE DA CRENÇA;
NARRADORES SE TORNARAM DE TUDO QUE ACONTECE
E PESQUISAM NOVAS FONTES, AO QUE PARECE,
POIS A RUA É MAR SEM FIM
ÉPICA ARENA DE CONTRADIÇÕES HUMANAS
É ONDA PRA NAVEGAR E DIVULGAR AS VERDADES
COM ESTÉTICA INVENTADA DA VIDA COTIDIANA
SOBRE O HOMEM-POVO
QUE DE TANTO REPETIR-SE
TORNA-SE SEMPRE FRESCO FRUTO NOVO.
ALVO PRA DISSECAÇÃO DA MENTE
QUE POR SER DUVIDOSA, JÁ QUE MENTE,
PEDE AO ESPÍRITO AUXÍLIO E POR FIM
CONSAGRA A ARTE
RITO!
ESSE É O NOVO GRITO!

[CLAUDIA SCHAPIRA]

POSSO MAIS JULGAR O HOMEM, AGORA
E O COMPREENDO. AFINAL, NÃO É UM
M SÓ TODA A HUMANIDADE? PASSEI TODO
E TEMPO TENTANDO JULGAR ALGUÉM
A ESTAVA, COMO EU, AUTO-CONDENADO.
ENOS PATÉTICO SERIAM DOIS CEGOS
RRANCANDO-SE MUTUAMENTE OS
OLHOS. FIQUEI COMO UM CACHORRO
O CORRENDO ATRÁS DO PRÓPRIO RABO.
ÃO A LOUCURA, MAS SIM A LUCIDEZ
MINOU A MINHA BUSCA: BUSCO O QUE
A É UM SONHO DE POUCOS, SOU, COMO
S, O MEU PRÓPRIO PESADELO, E O QUE
O É A MINHA NATUREZA IMPERFEITA,
O O SISTEMA QUE PRECISA EXPLODIR E
DAR PASSAGEM A UM NOVO TEMPO.

CLAUDIA SCHAPIRA

2. O Teatro Hip-Hop
Como Linguagem

Vocês, artistas que fazem teatro em grandes casas, sob luz de sóis postiços ante a plateia em silêncio, observem de vez em quando esse teatro que tem na rua seu palco: cotidiano, multifacetário, inglório. Mas tão vivido e terrestre, feito da vida comum dos homens – esse teatro que tem na rua seu palco.

BERTOLT BRECHT, *Teatro Dialético*

a sociedade precisa da voz de seus contadores, independentemente das situações concretas que vive. Mais ainda: no incessante discurso que faz de si mesma, a sociedade precisa de todas as vozes portadoras de mensagens arrancadas à erosão do utilitário: do canto, tanto quanto da narrativa. Necessidade profunda, cuja manifestação mais reveladora é, sem dúvida, a universalidade e a perenidade daquilo que nós designamos pelo termo ambíguo de teatro.

PAUL ZUMTHOR, *Introdução à Poesia Oral*

NÚCLEO BARTOLOMEU DE DEPOIMENTOS:
DO DIÁLOGO INICIAL AO CASAMENTO ESTÉTICO

Foi a partir do vislumbre de uma contracena de linguagens que, no ano de 1999, a atriz, figurinista, dramaturga e diretora Claudia Schapira deu início à realização do projeto do espetáculo *Bartolomeu, Que Será Que Nele Deu?*, inspirado em *Bartleby*,

FIGURAS 32 (*página anterior*) E 33: *Programa e convite do Espetáculo* Bartolomeu, Que Será Que Nele Deu?. *Foto: Arquivo Núcleo Bartolomeu.*

The Scrivener: A Story of Wall Street (Bartleby, O Escriturário: Uma História de Wall Street, 1953), do escritor americano Herman Melville. Esse espetáculo, que estreou em dezembro de 2000, foi a primeira experiência do que se tornaria mais tarde o Núcleo Bartolomeu de Depoimentos e do que seria sua linguagem: o teatro hip-hop.

Bartolomeu, Que Será Que Nele Deu? conta a história de um homem comum, cidadão urbano, que corre contra o tempo e que um dia resolve parar com todas as suas atividades e fica paralisado diante da velocidade e do caos iminentes da cidade, com os quais ele sente ser impossível contracenar. Temáticas da cidade e do homem frente a seus mecanismos foram focos de interesse desse projeto, bem como a busca de um ritmo e uma pulsação específicos que dessem conta de expressá-los.

A inquietação com os desafios, a visão dialética da vida urbana e a pesquisa de seus temas já haviam se materializado em outro trabalho de Claudia Schapira em parceria com a atriz Lú Grimaldi, *Nocaute: Episódios da Alma Cotidiana* (1995/1996, direção de Beatriz Sayad), espetáculo que se passava num cenário que evocava um ringue de boxe e trazia de forma metafórica situações do cotidiano massacrante da cidade e da luta para sobreviver em meio a suas inoperâncias e belezas. Tanto em traços da linguagem corporal quanto na utilização da música em cena, o espetáculo já trazia, ainda que difusamente, alguns dos elementos que se tornariam constitutivos no trabalho que o Núcleo Bartolomeu desenvolveria posteriormente. Mas foi a partir do contato com a companhia de dança de rua Unidade Móvel[1] que o que era um vislumbre de junção de linguagens tomou contornos mais nítidos, como relembra Claudia Schapira:

Quando eu conheci a Unidade Móvel, parecia que tinha explodido uma bomba dentro da minha retina. [...] me lembro especificamente do dia em que eu vi o grupo pela primeira vez. O Espaço Nova Dança estava abrindo, e eles estavam fazendo uma festa no terraço. Eles chamaram a gente pra fazer o *Nocaute*, e a Unidade Móvel. A coisa acontecia simultaneamente, nós fazendo o *Nocaute*, a céu aberto no meio do Bixiga, e eles dançando ali do outro lado. O público assistia do meio. A dança deles descrevia, coincidentemente, tudo que a gente estava narrando, ou

---

1 Companhia de dança de rua criada nos anos de 1990 pelos dançarinos Eugênio Lima, Mariana Lima e Will Robson.

FIGURA 34: *Unidade Móvel. A partir da esquerda, Pedro Noisyman, Mariana Lima, Eugênio Lima e Will Robson. Foto: Arquivo Maurinete Lima.*

seja, quando eu olhei aquilo, eu falei: isso é exatamente a expressão física daquilo que eu quero corporificar como um texto e voz em um teatro. Foi assim, foi um *insight* mesmo. Aquilo revelou alguma coisa pra mim que sempre busquei a cada trabalho, as referências físicas que pudessem corporificar os assuntos sobre os quais eu estava falando.[2]

A partir dessa percepção do hip-hop (naquele momento personificado na dança de rua, como uma potência comunicativa, explosiva e urgente), em março de 2000 o processo desencadeado pela pesquisa de junção de linguagens teve seu início prático quando os representantes da cultura hip-hop e suas manifestações artísticas e os representantes do teatro se encontraram na sala de ensaio. Embora desde o início muitos dos procedimentos teatrais utilizados na pesquisa já aproximassem a montagem da categoria do teatro épico[3] proposto

2 Entrevista com Claudia Schapira concedida em 08 mar. 2012.
3 Ver I.C. Costa, O Teatro Épico (em Poucas Palavras), em *Programa do Projeto 5X4 Particularidades Coletivas.* "Teatro épico foi a forma encontrada pelos artistas que se colocaram na perspectiva da transformação revolucionária da sociedade no início do século xx e Brecht é o seu maior teórico e o mais radical praticante [...]. Apelando para uma simplificação esquemática, poderíamos dizer que inúmeras posições se confrontavam, sendo que na extrema direita situavam-se os defensores do drama ortodoxo e na extrema esquerda os militantes do teatro que mais tarde veio a se chamar épico. Nesta

pelo dramaturgo e encenador alemão Bertolt Brecht – como o seu caráter narrativo ou a oposição ao teatro aristotélico e as relações sociais criadas por ele –, a pesquisa não partiu especificamente desse pressuposto em seus materiais básicos de referências e estudos, e só posteriormente as propostas e conceitos brechtianos foram relacionados diretamente aos resultados. Ao mesmo tempo que os integrantes da cultura hip-hop participavam de estudos e práticas da linguagem cênica "naturalmente" épica, os atores (alguns já familiarizados com os elementos do hip-hop) começaram a ser introduzidos a pontos mais específicos do universo da cultura das ruas e às particularidades e técnicas de seus quatro elementos: "enquanto a dramaturgia escrita buscava alcançar um texto contundente, que conseguisse, por meio de seu ritmo e poética, colocar o som das ruas na fala dos atores"[4]. O treinamento corporal tinha como foco principal a dança de rua, não exatamente na reprodução literal de seus passos e manobras, mas sim na incorporação de sua pulsação. Essa pulsação, que era chamada *shuffle*, foi um dos elementos de presença mais marcantes no espetáculo, por conta de sua capacidade de traduzir a movimentação e frequência do universo urbano, de uma multidão diversa que se desloca em bloco pelas ruas em um pulso comum. Apesar de esse elemento ter se tornado determinante para encontrar o ritmo e pulsação do espetáculo, a dança de rua em si não chegou à sua potência de realização pelos atores em virtude de sua especificidade técnica. Assim, tornou-se necessária a presença de dois dançarinos, *b-boys* e *b-girls*, que entravam em cena em momentos específicos referenciando assim a presença dessa manifestação no palco. Também foram incluídos na preparação dos atores, treinamentos de basquete, por ser um exercício de alto impacto aeróbico, portanto eficaz na preparação física, além de um esporte tradicionalmente praticado nas

---

simplificação, podemos também dizer que no drama ortodoxo são contemplados exclusivamente assuntos e problemas familiares burgueses e no teatro épico o horizonte são os problemas e lutas dos trabalhadores. Para dizer quase a mesma coisa em outras palavras: o teatro épico, tal como formulado por Brecht, tem como pressuposto a luta de classes e, nela, expressa os interesses políticos e estéticos dos trabalhadores numa forma que recusa ponto por ponto os requisitos formais do drama."

4 C. Schapira, *Bartolomeu, 7 Anos Nele Deu.*

ruas e ligado à cultura hip-hop, e que, no seu aspecto de jogo, revelava em suas posições de marcação e deslocamentos uma base para possíveis movimentações cênicas.

É interessante notar que o início desse processo de junção do teatro épico ao hip-hop se deu primeiramente no âmbito do gesto, um caminho natural, já que o "teatro épico é um teatro gestual" e "o gesto é seu material, e a aplicação adequada desse material é a sua tarefa"[5].

O *gestus* social, conforme proposto por Brecht, é fruto da relação que se tem com o ambiente ou situação a qual se vive, e confere elementos sociais ao gesto; "o *gestus* social é o gesto relevante para a sociedade, o gesto que permite conclusões sobre as circunstâncias sociais"[6]. Situado entre a ação e o caráter, ele mostra, enquanto ação, "a personagem engajada numa práxis social; enquanto caráter, representa o conjunto de traços próprios a um indivíduo. O *gestus* é sensível ao mesmo tempo no comportamento corporal do ator e em seu discurso: um texto, uma música podem, na verdade, ser gestuais se apresentam um *ritmo* apropriado ao sentido do que ele está falando"[7].

Dentro do processo de ensaios, foi buscado o *gestus* social de cada personagem, que, ao ser identificado, era "pinçado" da realidade e inserido na cena por meio da busca da reprodução de sua frequência de pulsação. Nesse processo, a dança de rua, que em sua gênese já é ela mesma um *gestus* social, foi utilizada como interface da movimentação, principalmente nas cenas coletivas.

Bartolomeu, Que Será Que Nele Deu? inicialmente começou a ser dirigido pelo ator e diretor Luciano Chirolli, que participou dos primeiros meses de ensaios. Durante sua permanência no processo, já era proposto por ele que as atrizes preparassem cenas (que também eram chamadas de *workshops*) em que as personagens fossem "apresentadas". Mas foi justamente com a saída de Chirolli e na ausência de um diretor, que pelas mãos das atrizes, na ânsia de que a pesquisa não se estagnasse e na busca incessante de respostas às inquietações que estavam colocadas, se desenvolveu e se fundamentou todo o método chamado "depoimento", que mais tarde daria nome ao Núcleo

5   W. Benjamin, *Magia e Técnica, Arte e Política*, p. 80.
6   B. Brecht, *O Teatro Dialético*, p. 79.
7   P. Pavis, *Dicionário de Teatro*, p. 187.

Bartolomeu de Depoimentos. O depoimento consistia em uma espécie de "roda-viva", um tribunal figurativo onde cada atriz (o elenco era composto por cinco atrizes) representava uma personagem que "defendia" seu ponto de vista. Partindo de uma premissa inicial de investigação – quem era a personagem e qual o papel social que ela representava –, as atrizes se lançavam à procura de seu objetivo. Por meio da observação, identificavam aspectos da realidade que interessavam aos seus propósitos e, recortando esses aspectos, estetizando-os e contextualizando-os de acordo com a narrativa da peça, traziam para a arena do depoimento um ponto de vista a ser defendido. Assim, eram interpeladas pelos demais que tinham o papel de testá-las com perguntas, numa espécie de "sabatina" que revelava até que ponto o discurso em forma e conteúdo era suficientemente coeso e embasado para a sua sustentação. Os aspectos corporais, vocais, conceituais e ideológicos que compunham esse *gestus* trazido pelas atrizes eram colhidos não só pela observação de campo, mas recortados e sampleados de filmes, livros, referências iconoclásticas. A combinação desses elementos constituíam a composição do que seria defendido, que, para além de personagens, eram pontos de vistas, ou, mais "brechtianamente" falando (sob influências do pensamento marxista), representavam classes sociais. Durante essa busca, todas as atrizes trouxeram depoimentos de todas as personagens, independentemente de qual papel iriam representar. A partir desses processos tradutórios, formou-se então um painel de pontos de vista, materializados em *gestus* (corporais, vocais, musicais), que foram selecionados e que, em um processo-colagem feito pela dramaturgia, deram corpo aos discursos de cada uma das personagens que, justamente pela maneira pela qual foram criados, contemplavam o pensamento não só individual, mas coletivo.

Portanto, o depoimento foi e continua sendo uma célula fundadora do teatro hip-hop desenvolvido a partir das atrizes, que criam por necessidade uma metodologia em momento de urgência da procura e no ápice de um processo criativo. Desde então, essa metodologia fundante permaneceu como ponto de partida e foi utilizada para encontrar as personagens, as vozes e discursos em todos os processos subsequentes do Núcleo Bartolomeu de Depoimentos.

Quanto à incorporação e uso do termo "teatro hip-hop", foi ainda durante o processo de ensaios de *Bartolomeu, Que Será Que Nele Deu?* que o DJ Eugênio Lima, durante uma viagem a Nova York, em junho de 2000, tomou conhecimento do Hip--Hop Theatre Festival, e da expressão *hip-hop theatre*. Fundado naquele ano por Clyde Valentin, Danny Hoch e Kamilah Forbes, o primeiro Hip-Hop Theatre Festival reuniu atores, diretores, dramaturgos e dançarinos que representavam a voz da chamada "geração hip-hop". O que poderia ser uma simples nomenclatura foi o ponto de convergência para diversos artistas que sincronicamente criavam com base em diferentes linguagens. Como afirma Eisa Davis em artigo:

um novo movimento estava nascendo, uma forma de arte sincrética que, na combinação de dois gêneros, estava realmente revitalizando a estética de cada um. Ter um nome para o que fizemos, de repente significava que tínhamos uma comunidade. Nós não estávamos sós: nós pertencíamos a um grupo, tínhamos companheiros, estávamos debaixo do mesmo "guarda-chuva" [...]. O nome "teatro hip-hop" ainda aproxima pessoas, que reconhecem que a separação do hip-hop e do teatro, para começar, foi uma divisão desnecessária e artificial. Teatro hip-hop é uma reunião de família. É o filho do hip-hop com o teatro. Talvez haja um outro nome que ainda possa ser encontrado. Por enquanto, ele leva o nome de seus pais, e é mais do que a soma de suas partes[8].

Ainda na época da montagem de *Bartolomeu, Que Será Que Nele Deu?*, na tomada de conhecimento da existência do termo teatro hip-hop houve o imediato reconhecimento de que o trabalho que aqueles artistas estavam desenvolvendo no Brasil também estava sob o mesmo guarda-chuva, e essa denominação começou a ser utilizada pelo grupo que mais tarde

---

8   E. Davis, Found in Translation: The Emergence of Hip-Hop Theatre, em J. Chang (ed.), *Total Chaos*, p. 71, "a new movement was being born, a syncretic art form that, in combining two genres, was actually revitalizing the aesthetics of each. Having a name for what we did suddenly meant we had a community. We were not alone; we had a crew, comrades, an umbrella [...]. The name hip-hop theatre still brings people together, recognizing that the separation of hip-hop from theatre to begin with was an unnecessary, artificial split. Hip-hop theatre is a family reunion [...]. It's the child of hip-hop and theatre. Perhaps there is an other name that it has yet to find. For now, it carries the name of its parentes, and more than the sum of its parts.

FIGURA 35: *Elenco original de* Bartolomeu, Que Será Que Nele Deu? *A partir da esquerda, Leandro Feigenblatt (percurssão) Luaa Gabanini (Cajú), Lavínia Pannunzio (Dr. Pilatos), Claudia Schapira (Bartolomeu), Paula Picarelli (Chester) e Roberta Estrela D'Alva (Nepomuceno). Foto: Arquivo Núcleo Bartolomeu.*

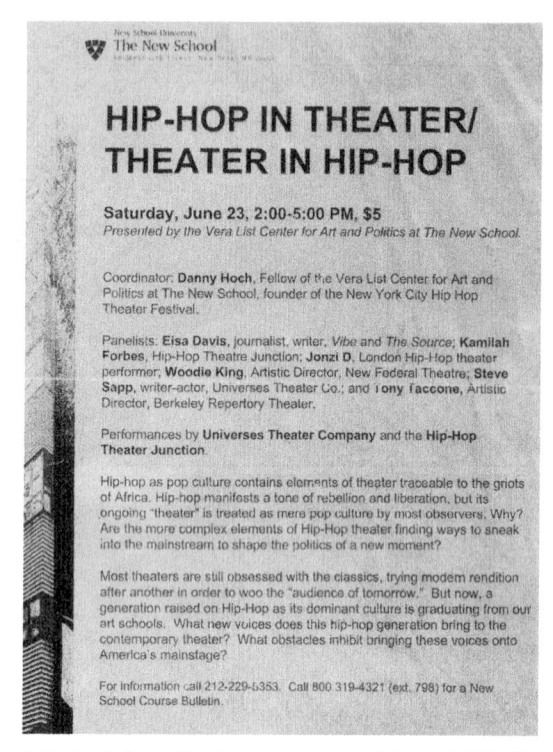

FIGURA 36: *Cartaz informativo de evento com os criadores do Hip-Hop Theater Festival em Nova York. Foto: Arquivo Núcleo Bartolomeu.*

se tornaria o Núcleo Bartolomeu de Depoimentos. Assim, o teatro hip-hop, tendo sempre a rua como fonte de inspiração, foi se formalizando e os seus elementos começaram a surgir a partir das necessidades de nomear os frutos nascidos da junção das linguagens propostas inicialmente. O processo de pesquisa procedeu ininterruptamente e, em doze anos de existência do Núcleo Bartolomeu, foram realizados espetáculos, intervenções urbanas, publicações, audiovisuais, debates, mostras e *workshops*. Após *Bartolomeu, Que Será Que Nele Deu?*, estreou em 2003 o espetáculo *Acordei Que Sonhava*, livre inspiração em *A Vida é Sonho*, de Pedro Calderón de la Barca (1600-1681), e no mesmo ano foi iniciado no centro da cidade de São Paulo o projeto de intervenções urbanas cênico-poéticas *Urgência nas Ruas*. Em 2006, estreou *Frátria Amada Brasil: Pequeno Compêndio de Lendas Urbanas*, espetáculo inspirado na *Odisseia*, de Homero; e, em 2008, foi realizado o projeto *5x4 Particularidades Coletivas* que teve como resultado a realização de cinco espetáculos: *Encontros Notáveis*; *3x3: 3 DJs em Busca de um Vinil Perdido*; *Manifesto de Passagem: 12 Passos em Direção à Luz*; *Cindi Hip Hop: Pequena Ópera Rap*; e *Vai Te Catar!* No ano de 2011, estreia *Orfeu Mestiço: Uma Hip-Hópera Brasileira*, resultado de três anos ininterruptos de pesquisa e estudo; e, em 2013, estreia *Antígona Recortada: Contos que Cantam Sobre Pousospássaros*[9].

O Núcleo é hoje composto por Claudia Schapira, Eugênio Lima, Luaa Gabanini e Roberta Estrela D'Alva, mas em todas as suas realizações contou com a participação e o diálogo com um grupo diverso de criadores que permaneceram no grupo durante alguns ciclos, o que o situa em suas práticas, dentro do chamado "teatro de grupo" e também como um "coletivo artístico", como o indica Antônio Rogério Toscano em análise sobre a maneira com que o grupo se apresenta dentro do panorama do teatro contemporâneo:

Embora suas atividades artísticas sejam exemplares do que se tem chamado no teatro contemporâneo brasileiro de teatro de grupo (participação coletiva nas decisões; pesquisa continuada e coerência poética; comandos de produção divididos entre os participantes, com responsabilidades demarcadas; valorização dos processos criativos, mais do que de resultados espetaculares; dramaturgias próprias geradas em trabalhos cênicos horizontais, em que, em alguma medida, os diferentes modos de processos colaborativos são sempre praticados; utilização de *workshops* em que todos se colocam artisticamente, durante o processo – neste caso, sob a forma de depoimentos – para definir os rumos possíveis da criação etc.), sua configuração remete-nos, entretanto, muito mais ao (recém-nascido e já desgastado) modelo de coletivos artísticos contemporâneos do que, propriamente, de um grupo de teatro.[10]

O Núcleo Bartolomeu como um coletivo de artistas pesquisadores em constante intercâmbio de experiências teve a oportunidade de realizar processos de pesquisa de longa duração em que a experimentação e o risco estiveram sempre presentes e foram fundamentais para a formação do que seria hoje a sua linguagem. Cabe aqui um pequeno parêntese para pontuar que, desde o ano de 2003, o núcleo foi contemplado em sete edições do Programa Municipal de Fomento ao Teatro para a cidade

9   Mais informações sobre os espetáculos, tais como sinopses, fichas técnicas, datas, prêmios e temporadas, podem ser encontradas nos Anexos.

10 A.R. Toscano, Teatro e Hip-Hop: A Experiência do Núcleo Bartolomeu de Depoimentos, *Sala Preta*, v. 5, p. 177.

de São Paulo[11], que, no ano de 2014, completou sua 25ª edição. O programa teve fundamental importância para esse coletivo artístico na medida em que representou um salto nas possibilidades de aprofundamento da linguagem que é o teatro hip-hop, na consolidação de um núcleo de pesquisa continuada e na difusão de suas obras para um grande número de pessoas. Por meio do subsídio advindo de um orçamento público, foi possível a realização de estudos teóricos e práticos, experimentações, cursos de reciclagem e *workshops*, fazendo com que os artistas envolvidos estivessem em constante processo de estudo e desenvolvimento de suas capacidades artísticas. Além do subsídio financeiro, o programa também contribuiu estruturalmente em termos de reflexão e de registro desse processo, já que os projetos elaborados para as edições eram verdadeiros tratados sobre a trajetória percorrida pelo Núcleo Bartolomeu não só pelo seu conteúdo, mas também pela forma como eram apresentados, pois a cada edição era criado um projeto editorial, que incluía vasta pesquisa iconográfica e um pensamento estético-visual na sua apresentação.

ACORDEI QUE SONHAVA: O NASCIMENTO DO ATOR-MC

Em 2001, a partir do convite da Companhia São Jorge de Variedades[12] para participar do edital de ocupação do Teatro de Arena Eugênio Kusnet com mais outras duas companhias que

11 Ver *Secretaria Municipal de Cultura do Estado de São Paulo*. Estabelecido em 2002 pela Lei 13.279/02, o Programa Municipal de Fomento ao Teatro para a Cidade de São Paulo "tem por objetivo apoiar a manutenção e criação de projetos de trabalho continuado de pesquisa e produção teatral, visando o desenvolvimento do teatro e o melhor acesso da população ao mesmo, por intermédio de grupos profissionais de teatro que são financiados diretamente por este programa. Embora constantemente tenha sofrido mudanças conceituais, principalmente nos últimos anos, essas premissas iniciais, seus conceitos e até mesmo o seu processo de viabilização foram encabeçados por artistas e grupos de teatro, representados principalmente pelo então movimento Arte Contra a Barbárie que, mobilizados e por meio de diálogos e grupos de trabalho, idealizaram o que viria a se tornar essa lei.

12 Companhia criada em 1998 com integrantes da Escola de Arte Dramática e da Escola de Comunicações e Artes da Universidade de São Paulo. É um importante núcleo de pesquisa teatral paulistano, com um trabalho em torno

FIGURA 37: *Cartaz e elenco original do espetáculo* Acordei que sonhava. *A partir da esquerda:Luaa Gabanini (Rosaura), Benito Karmonah (Duque Astolfo), Maysa Lepique (Princesa Estrela), Claudia Schapira (General Clotaldo), Eugênio Lima (MC-Povo), Estela Lapponi (Rei Basílio), Paula Pretta (Buzina) e Roberta Estrela D'Alva (Príncipe Segismundo). Foto: Gisele Rocha/Arquivo Núcleo Bartolomeu.*

formariam o coletivo Harmonia na Diversidade[13], o grupo de artistas, que inicialmente havia se encontrado para realizar um único espetáculo, decide prosseguir com a pesquisa de junção de linguagens, montar uma nova obra e se tornar então uma companhia: o Núcleo Bartolomeu de Depoimentos. Durante o processo de pesquisa e montagem de seu segundo espetáculo, *Acordei Que Sonhava*, livre inspiração em *A Vida é Sonho*, do dramaturgo e poeta espanhol Pedro Calderón de la Barca, novas descobertas estéticas foram emergindo, tomando corpo e criando características específicas que se estruturaram e se tornaram linguagem. É nesse contexto que surge pela primeira vez algo que se tornaria central dentro do trabalho do Núcleo: o conceito de ator-MC. O ator-MC é um artista híbrido que traz na sua gênese as características narrativas do ator épico (o

da tradição do teatro político e de base experimental, sendo considerada uma "companhia-irmã" do Núcleo Bartolomeu de Depoimentos.

13 A proposta do coletivo Harmonia na Diversidade se baseava na ocupação e em uma gestão coletiva participativa do Teatro de Arena Eugênio Kusnet. A convivência criativa entre esses grupos com linguagens diferentes e o diálogo entre eles eram os objetivos centrais. Além do Núcleo Bartolomeu de Depoimentos e a Companhia São Jorge de Variedades, faziam parte do projeto a Companhia Isla Madrasta e a Companhia Bonecos Urbanos.

distanciamento, o anti-ilusionismo, o *gestus*, a determinação do pensar pelo ser social), mixado ao autodidatismo, à contundência e ao estilo inclusor, libertário e veemente do MC.

Os pontos fundamentais dessa fusão, que resultam no ator--MC, são a *autorrepresentação* e o *depoimento*, que, como estruturas da narrativa, configuram-se como célula fundamental para a concepção dramatúrgica e a criação das personagens, discursos e de performances poéticas dentro do teatro hip-hop. São características definitivas do ator-MC o levantamento e defesa de um ponto de vista claro por meio da elaboração e apresentação de um testemunho que chamamos de depoimento e a consciência de seu papel social e político, aliada ao exercício do intransferível direito de contar sua própria história e da sociedade na qual está inserido que consiste na autorrepresentação.

O ator-MC, como voz do teatro hip-hop, é um ator-narrador que incorpora os procedimentos estéticos do MC e da cultura hip-hop em seu processo criativo e em sua performance e que, visto não se utilizar exclusivamente das técnicas de atuação vindas da área teatral, acaba criando especificidades de linguagem em suas resultantes expressivas que transitam, se entrecruzam e até mesmo se contrapõem entre os campos do teatro e a cultura das ruas.

Dessa maneira, a voz do MC, se materializa dentro da performance do ator-MC, afetando-a em sua composição, em seus procedimentos sintáticos de montagem e todos os elementos que compõem a expressão de sua oralidade, como o gestual e o ritmo, trazendo novas possibilidades de atuação.

Todas essas características foram emergindo e sendo percebidas organicamente a partir de uma necessidade cênica real, durante a montagem de *Acordei Que Sonhava*. A obra que serviu de ponto de partida para esse espetáculo, *A Vida é Sonho*, conta a história de Segismundo, príncipe herdeiro da Polônia, renegado pelo pai e confinado desde a infância em uma torre, criado como um "homem-fera". A partir desse mote, segundo Schapira:

foi traçado um paralelo com o processo de enclausuramento do povo brasileiro, um caminho direto para destrinchar os mecanismos de aprisionamento, de exclusão do sistema vigente que condena a grande maioria da população à prisão da ignorância, seja através do bombardeio feito por uma mídia alienante e emburrecedora [...], seja através da negação do acesso ao conhecimento (verdadeira arma de libertação) ou, ainda, mediante ao sucateamento do ensino público e da desqualificação da cultura e da arte como necessidade fundamental à formação de um povo. No espetáculo, a cultura hip-hop era ferramenta de depoimento, resistência e autorrepresentação na mão dos filhos "sem pai" nascidos nos "bairros-dormitório" dos grandes centros urbanos, na voz do protagonista, o príncipe Segismundo, que na montagem assumia o papel de porta voz da periferia[14].

O ponto central desse processo, no que diz respeito à interpretação e ao texto em ação, chamados aqui de "performance poética", foi justamente a transposição de linguagens, a maneira pela qual num processo tradutório o arcabouço da cultura hip-hop e seus elementos se materializaram na ação de um ator que os empregou numa personagem de teatro, deixando de ser somente um ator, para se tornar um ator-MC. Se, no espetáculo *Bartolomeu, Que Será Que Nele Deu?*, as funções eram bem definidas e cada artista atuava em sua "especialidade" (por exemplo, o DJ discotecava, os atores atuavam, os MCs "rapeavam" e faziam a "ponte" com o DJ, os dançarinos dançavam etc.), em *Acordei Que Sonhava* houve um momento crucial em que, num movimento antropofágico, os níveis de encontro entre as duas linguagens se aprofundaram, e seus pontos de contato se interpenetraram, borrando fronteiras e por vezes até mesmo extinguindo-as. Todo esse processo se deu no decorrer de quase três anos de muitos estudos práticos e teóricos, construção e desconstrução de cenas à exaustão, sessões intermináveis de depoimentos de todas as personagens feitas por todos os atores, além de muitas horas atrás dos toca-discos à procura dos depoimentos sonoros. Como nos processos em que a mestiçagem se dá, como quando um povo se encontra com o outro e têm que aprender uma nova língua para que haja comunicação, os atores-MCs tiveram que trazer para seus corpos, mais radicalmente, a linguagem e o ritmo, a pulsação, todos os novos elementos que a cultura hip-hop apresentava à nova maneira de fazer teatro a qual o núcleo estava se propondo a investigar.

---

14 C. Schapira, *Lendas Urbanas*. Trata-se de projeto do Núcleo Bartolomeu de Depoimentos contemplado pela 4ª edição do Programa Municipal de Fomento ao Teatro para a Cidade de São Paulo, no ano de 2004.

Os procedimentos da representação e de criação cênica foram sacodidos pelo hip-hop, ao mesmo tempo que este se impregnava do universo teatral.

Um dos elementos, sempre presente, que muito representa essa incorporação de linguagens é o uso do microfone, elemento constitutivo da performance do MC como um prolongamento de seu corpo e de sua voz. Dessa maneira, em nenhum momento ele é escamoteado ou tratado como elemento externo, ou seja, ele é evidenciado, passa a fazer parte da cena não só como elemento de amplificação da voz, mas como signo que evoca a autorrepresentação, poder, comando, um "bastão de força" para quem o empunha. Porém, ainda que esteja incorporado à performance, o microfone é um objeto que traz estranhamento, que interrompe a ação natural, portanto, seu uso já traz consigo um efeito anti-ilusionista, o chamado *Verfremdungseffekt* (efeito de distanciamento) característico do teatro épico[15]. Além disso, o uso do microfone traz a necessidade de um novo comportamento corporal, pois como o som da voz é intermediado e sai das caixas amplificadas e não diretamente do corpo do ator, o foco de atenção do espectador se desloca no espaço, obrigando assim a uma expansão e dilatação do gesto, para que o público saiba a quem se referenciar, por exemplo, em uma cena musical em que várias pessoas estão com microfone cantando ou falando. Portanto, durante sua performance, o ator-MC traz constantemente a veemência, o tônus da urgência presentes na atuação do MC. Quando ele está com o microfone, nesse momento deixa claro quem conduz a ação, dá o ponto de vista e ciceroneia o público.

15 Ver B. Brecht, op. cit., p. 139. O efeito chamado de "distanciamento" (*Verfremdungseffekt*), ou *V-Effect*, tem a função de desnaturalizar os fatos a partir de uma postura cênica onde o ator, consciente da função social do teatro, "mostra" ou "demonstra" esses fatos ao público estabelecendo assim com ele uma relação crítica. "'Distancia' um fato ou caráter é, antes de tudo, simplesmente tirar desse fato ou desse caráter tudo o que ele tem de natural, conhecido e evidente e fazer nascer em seu lugar espanto e curiosidade [...]. Distanciar é historicizar, é representar os fatos e as personagens como fatos e personagens históricos, isto é, efêmeros." Cf. P. Pavis, op. cit., p. 119, que prefere a denominação de efeito de estranhamento.

DEPOIMENTO PESSOAL:
MEMÓRIA E AUTORREPRESENTAÇÃO

Como já dito anteriormente, o depoimento passou a ser uma metodologia utilizada como ponto de partida para todos os processos do Núcleo Bartolomeu de Depoimentos. Dentre suas variações e diversas maneiras de realizá-la, uma das primeiras, principalmente no início de um processo de pesquisa, é o "depoimento pessoal" que basicamente consiste em que cada ator-MC ou participante do processo prepare e apresente uma narrativa que conte a sua própria história de vida, sua trajetória pessoal.

O objetivo principal e mote de direcionamento desse exercício é que os atores se apresentem, digam quem são e tragam a sua visão de mundo. O depoimento pode se dar desde sentando-se em uma cadeira e narrando fatos da sua vida pessoal considerados relevantes, determinantes ou até mesmo em uma cena elaborada com adereços, música, objetos pessoais como roupas, brinquedos, fotos ou outros elementos. Em qualquer um dos casos, esse já é um primeiro momento em que a performance poética acontece, já que esta se dá em presença, no momento em que o passado se atualiza no corpo de quem performa. Nesse processo de "colagem intelectual, afetiva e humana" ao relatar o acontecido, o fato é atualizado perante quem assiste à sua materialização verbal e gestual, quanto à narrativa, por mais simples que seja, passa por um processo de estetização cênica, simplesmente pelo fato de haver uma seleção, uma edição dos acontecimentos a serem narrados e da escolha de como eles serão relatados, em que ordem, com que tom de voz, quais vestimentas, enfim, com todos os elementos que compõem a narração, da qual nos fala Paul Zumthor:

Somos seres de narrativa, tanto quanto de linguagem. À medida que me atribuo a tarefa de reter um pedaço do real passado, minha tentativa é, em si mesma, ficção. Se formo um discurso ficcional, para comunicar o resultado, ele será necessariamente narração, quaisquer que sejam talvez minhas precauções estilísticas visando à nudez do relato. Este caráter da história, sempre tenho tendência a assinalá-lo mais do que apagá-lo. [...] O que se produz assim, parece-me na apreensão dos fatos históricos, não é muito diferente do que se produz para cada um de nós no modo como se percebe, no dia a dia, sua própria existência. Todos nós percebemos nossa vida através de uma ficção – e essa ficção *é* nossa vida.[16]

Durante o processo de pesquisa e ensaios de *Acordei Que Sonhava*, presenciamos depoimentos pessoais diversos. De fato, esse é um momento em que a autorrepresentação é levada ao extremo e inevitavelmente as histórias são contadas a partir do ponto de vista e demandas do presente, e o contexto em que vivem e quem são esses narradores no momento tem influência determinante na forma e no conteúdo do que será apresentado no depoimento, já que: "Do ponto de vista social, considera-se sempre uma relação de contexto que se aplica como uma força constitutiva daquilo que é transformado em texto, daquela comunicação que performa o universo narrado"[17].

A ocasião do meu depoimento pessoal nesse processo, para citar um exemplo, coincidiu com um turbulento processo de mudança de residência pelo qual eu passava. Aproveitei as caixas de papelão com objetos pessoais que estavam sendo transportadas para o novo endereço e, em meio à mudança que "invadiu" o horário do ensaio, descarreguei parte delas no teatro em que ensaiávamos. Meu depoimento se deu em meio a essas caixas e, conforme ia abrindo-as e encontrando os objetos, ia contando a minha história e relacionando-os com o momento de profunda transformação pelo qual passava em minha vida pessoal sob o mote "Estou de mudança!". Entre a narração de uma história e outra que os objetos suscitavam, repetia essa frase-mote, que pontuava e costurava a ação num ato poético-performático em que a fronteira entre o cênico e o real se misturava e onde a realidade estetizada teatralizava o discurso.

Paula Pretta, uma outra atriz que fazia parte do processo, marcou o seu depoimento pessoal não no teatro em que ensaiávamos, mas em um endereço na rua. Quando todo o elenco chegou, ela foi até um ponto de ônibus, entrou em um deles fazendo com que todos a seguissem embarcando e quando começou a falar, já dentro do ônibus, "esse é o ônibus que eu pego todo dia pra chegar no ensaio", percebemos que sua performance já tinha começado desde o momento em que chegamos. Então, ela foi

---

16 P. Zumthor, *Escritura e Nomadismo*, p. 48-49.
17 J. Pires Ferreira, *Cavalaria em Cordel*, p. 118.

contando os fatos de sua vida enquanto atores e passageiros se transformaram em público e personagens ao mesmo tempo. Os lugares por onde passávamos eram cenários com os quais a atriz se relacionava diariamente, o cobrador e o motorista, antigos companheiros de cena. Descemos do ônibus e caminhamos até o teatro em que ela viria a terminar seu depoimento falando sobre sua relação com o processo e com os integrantes do núcleo no palco onde ensaiávamos todos os dias.

Outros atores utilizaram-se de desenhos no chão como uma espécie de linha do tempo em seus depoimentos, outros simplesmente sentaram-se em uma cadeira e falaram.

O depoimento pessoal é um importante exercício para o ator-MC, pois, além de ser um momento em que a autorrepresentação elementar se faz presente (o discurso pessoal dentro de um discurso coletivo), ele se relaciona diretamente com um ponto fundamental da performance poética no que diz respeito à oralidade: a memória. Uma memória que se configura como:

espaço, lugar, e a própria matéria construtiva de tudo o que se cria [...] encontro da tradição com o presente e com aquilo que se projeta ao futuro [...] memória acionada em presença, interativa e fundamental, no estabelecimento da pactuação que torna possível o reconhecimento de um repertório e do ato criador[18].

No momento da performance, as memórias se entrecruzaram criando um repertório memorial comum, o que, no caso de uma investigação teatral coletiva, se torna algo relevante como ponto de partida até que se chegue aos depoimentos das personagens, à elaboração da dramaturgia e a um "macro-depoimento" da obra como um todo.

Os depoimentos pessoais foram parte tão constitutiva e marcante do processo, que acabaram por se incorporar à encenação. O prólogo de *Acordei Que Sonhava* era uma cena-musical, uma grande *overture* que evocava uma festa de rua, uma *block party* figurativa em que, sob o comando do DJ numa trajetória musical que fazia menções a vários períodos históricos da cultura hip-hop, os atores, de posse do microfone e de pequenos textos poéticos autorais, se apresentavam ao público, bem

---

18 J. Pires Ferreira, Tantas Memórias. *Resgate*, n. 13, p. 65.

como as personagens que iriam "defender". Tudo isso era feito com rimas, com uma narrativa falada e cantada sobre as bases musicais. Em quase todos os depoimentos, além dos pequenos textos escritos pelos próprios atores, foram utilizados trechos de textos já existentes de outros autores, bem como de músicas, o que mais tarde, no desenvolvimento da linguagem, chamaríamos de "samples dramatúrgicos"[19].

Após os pequenos depoimentos individuais, os atores-MCs entoavam juntos a música-tema[20] do prólogo que logo localizava os espectadores sobre "o que" e "por quem" iria ser contada a história que estavam prestes a vivenciar:

> Eu queria que vocês
> Sentassem em seus lugares
> Aguçassem os ouvidos
> Preparassem a vontade
> Sou um representante do povo brasileiro
> Vou falar do meu país
> Mas represento o mundo inteiro
> Houve um jovem bem-nascido que na torre encantada viveu
> Vinte anos de vida sem nunca ter visto nada
> Num certo tempo remoto
> Existiu um artista louco
> Amava a criação, amava a religião
> A vida era fonte de constante inspiração
> Calderón, que rico Calderón (de la Barca!)

19 Conforme já citado no capítulo um, o sample é, em sua origem, conceitual, uma amostra de áudio, um recorte. No teatro hip-hop, o conceito é estendido não só à criação da música, mas a todos os elementos que constituem a dramaturgia cênica: texto, cenários, figurino, vídeo, interpretação, expressão corporal e vocal, dança, iluminação. Os recortes são utilizados com a consciência da existência do todo ao qual fazem parte e isso influencia toda a sequência da dramaturgia que o precede e que vem depois dele ou sobre o qual ele é aplicado em sobreposição. Nesse caso, a utilização de textos de outros autores deixa de ser uma simples "citação" ou "referência" e é usada conceitualmente como sample, na medida em que evoca o contexto original de onde foi sampleado, e isso interfere constitutivamente na nova configuração que se forma a partir de sua inserção.

20 Na montagem de *Bartolomeu, Que Será Que Nele Deu?*, cada personagem era apresentada com uma "música-tema", que, fazendo uma síntese, apresentava suas características e relações com o contexto a ser narrado pelo espetáculo. Isso também acontecia no prólogo e epílogo e em cenas-chave do espetáculo. A utilização do conceito de "música-tema" se repetiu em todos os espetáculos coletivos do Núcleo Bartolomeu desde então e, muitas vezes, foi o ponto de partida do processo de escritura do texto.

Cha-cha-cha, que rico cha-cha-cha
Inventou uma história bem complexa de contar
Agora, é o que vamos desvendar
Destino ou livre arbítrio?
Religião, materialismo, ciência, fanatismo, xamanismo,
  [esoterismo, ceticismo, imperialismo, é o que vamos
  desvendar
Estamos todos circulando, procurando uma resposta
Para a Era que começa e não topa as velhas regras
O mistério da existência continua a ser segredo
E quem quiser saber a verdade não pode ouvir o medo por
  [isso se prepare
Não relaxe na cadeira
Aperte o cinto para essa viagem que formula essa contradição:
A vida é uma ilusão, obra de arte do divino?
Ou tudo é razão pura, matéria, limite, corpo findo?
DJ! DJ! DJ!DJ! DJ! (*todos apontam para o DJ que faz* scratches)
Eu te convido pra pensar, pra viajar
Que essa obra é aberta, não tem dono
É mente esperta
Unidade, comunidade, respeito, paz e dignidade
Evoé em harmonia
Evoé![21]

Toda a cena, desde os pequenos depoimentos pessoais
escritos pelos atores e que precediam esse texto, é um didático
exemplo de características do MC que se manifestam dentro da
linguagem do ator-MC, como a produção do texto autoral em
primeira pessoa e de sua narração. Há ainda a incorporação
de assuntos, referências e memórias de quem está narrando,
a relação com o microfone, com o sample, com a melodia, o
ritmo e a métrica, o enaltecimento e referência ao DJ. Como o
MC que se torna um narrador que intermedia a relação entre
o público e o DJ, o ator-MC, ao se apresentar como cidadão de
seu tempo e simultaneamente intérprete de uma personagem,
faz a mediação entre o público e a "força política" que ela representa, e ao mesmo tempo entre o público e o dramaturgo. Cria-
-se um efeito de estranhamento radical que não deixa margem
a qualquer efeito enganoso ou de identificação inebriante que
possa ter a representação. Os procedimentos do MC, o uso da

21 C. Schapira, *Acordei Que Sonhava.*

primeira pessoa, a presença de uma métrica bem-definida, a relação com um DJ em cena ou com o microfone, incorporados ao ator narrador colaboram para criar os efeitos do "distancia-mento brechtiano", para quem essa técnica não é apenas uma opção estética, mas uma escolha política que faz a obra "passar do plano do seu procedimento estético ao da responsabilidade ideológica da obra de arte"[22]. Nesse sentido, mesmo que repre-sente uma personagem com um discurso contrário ao seu, o ator-MC sempre está dando um depoimento pessoal, pois não desaparece, ele está sempre presente no discurso do espetáculo, da direção, do dramaturgo atuando num processo constante de mediação entre o público e o que está sendo narrado.

DEPOIMENTOS DAS PERSONAGENS, O ATOR-MC COMO PORTA-VOZ DO COLETIVO: O QUE OU QUEM EU REPRESENTO?

Outro tipo de exercício básico nos processos do Núcleo Bar-tolomeu é chamado simplesmente "depoimento" e é feito nos começos de processos para se encontrar as personagens, motes, linhas filosóficas e históricas dentro do tema que será desenvol-vido no espetáculo a ser montado, ou em qualquer momento em que se necessite desatar algum nó dramatúrgico, estético ou ideológico em relação à narrativa. O que o ator-MC busca na elaboração do seu depoimento é observar a realidade e dela recortar o que se relaciona com a personagem ou instância que irá representar. Aqui temos, como na função social do MC, a representação cumprindo um papel central na construção dos imaginários a serem apresentados. Daí a necessidade da cons-ciência do ator-MC sobre qual é a força que está representando, que papel social cumpre e a que grupo social ela dá voz. Os depoimentos das personagens são pontos de partida que, com a intervenção da dramaturgia, se tornam ação cênica e formam o corpo da encenação.

Assim como no processo de *Bartolomeu, Que Será Que Nele Deu?*, em *Acordei Que Sonhava*, independentemente

---

22 P. Pavis, op. cit., p. 106.

de quais personagens iriam representar, os atores trouxeram depoimentos de todas elas, na busca daquela que melhor representasse o discurso do coletivo naquele momento.

No caso do príncipe Segismundo, personagem que representei no espetáculo, o estofo para o depoimento veio de um campo específico no qual eu estava inserida. Na época da montagem, participava do projeto Espaço Arte, da Secretaria do Estado da Cultura de São Paulo, onde dava aulas de dança para menores em "liberdade assistida"[23] nos bairros Jardim Ângela e Heliópolis, bairros periféricos de São Paulo. Ao entrar em contato com as histórias dos alunos, a identificação com o depoimento que inicialmente estávamos pensando para Segismundo se deu instantaneamente, e foi àquele grupo que escolhi dar voz em meu depoimento. Entre uma aula e outra, conversávamos sobre música, dança, sobre a cultura hip-hop, casos amorosos e sobre as mazelas e dificuldades enfrentadas naquelas comunidades e nos corredores da Febem[24], onde a maioria estivera presa. A observação e diálogo com os alunos, o corpo, a voz, a cadência, o olhar e o vocabulário que eram vivenciados durante aquela troca de experiências, iam compondo o *gestus* social, que se materializou no depoimento da personagem. Paralelamente, outra fonte determinante para compor o discurso, o timbre, a prosódia e a caracterização para o depoimento foi o contato e estudo do conteúdo de raps nacionais, principalmente os de Mano Brown, do grupo Racionais MC's.

E assim, com todos esses recortes reunidos e dispostos em forma de narrativa, sentado no topo de uma das escadas com a luz baixa, de touca e um moletom preto em que era possível ler

---

23 Liberdade assistida, conhecida como L.A., é uma medida socioeducativa prevista no Estatuto da Criança e do Adolescente. A medida existe no Brasil desde 1927 (Código Melo Matos) com o nome de "liberdade vigiada". Em 1979, o novo Código de Menores mudou sua denominação para liberdade assistida. A medida aplica-se a jovens autores de ato infracionais com o fim de acompanhá-los, auxiliá-los e orientá-los. Embora seja um projeto que visa a integração social e algumas iniciativas tenham sido bem sucedidas, muitas críticas são feitas com relação à maneira como é realizada: desde o despreparo dos orientadores que lidam com os jovens até os princípios norteadores que são baseados na imposição de uma conduta social "normalizadora" de comportamentos.

24 Em 2006, a Fundação Estadual para o Bem-Estar do Menor (Febem) mudou de nome e passou a se chamar Fundação Casa (Fundação Centro de Atendimento Socioeducativo ao Adolescente).

a palavra "CRIME", com a fala rítmica e compassada, o depoimento da personagem Segismundo (que ali se chamou Sérgio) foi dado:

Meu nome é Sérgio, tenho 21 anos, no momento me encontro privado da minha liberdade no P-5 da Casa de Detenção e vim aqui pra contá a minha história. Não sei onde eu nasci, mas deve ter sido nas escada de algum hospital do interior, ou em qualquer desses buraco que quem não tem escolha nasce. Ou morre. Até os seis anos eu morei no SOS Criança, e depois fui transferido pra Febem, onde eu fiquei até os dezoito. E foi o lugar onde eu aprendi metade das coisa que eu sei até hoje. Tipo regras. Tipo se você cagueta o irmão, cê morre, se cê fala suas vontade, cê apanha. Se você cola nos ladrão mais véio, aprende o que precisa pra quando sair. Se você for esperto no mundão, se dá bem. E, se for esperto na Febem, pode sair pra se dar bem no mundão. [...] Eu fiquei com uns cara numa goma no Capão e em pouco tempo eles me chamaram pra trampá com eles. A primeira casa que eu fiz foi fácil. Eu só ficava vigiando enquanto os outros três entravam. [...] eu fiquei comendo Mac Donald's e jogando *playstation* a semana inteira, e ainda deu uma grana pra comprá vários barato que eu via no centro e ficava babando pra ter. Mas o mais foda mesmo foi a primeira casa que entrei [...] Não tive a menor dúvida, rasguei os gibi, uma pá de roupa, joguei aquele puta aparelho de som no chão, a TV. Quebrei aquele porta-retrato com a foto do boyzinho, a mãe, o pai, o cavalo e o troféu de 1º lugar. E vinha na minha cabeça: Por que que eu não tive isso? O que que eu fiz pra não merecer isso? Parecia que eu tava com o demônio dentro de mim e eu só parei com os gritos dos cara lá embaixo "Vâmo embora, vâmo vazá" [...] Um dia veio uma psicóloga, assistente social, essas porra aí, com o diretor e começaram com uma conversa mole de "que nós estávamos pagando uma dívida com a sociedade". E a dívida que a sociedade tem comigo? Quem vai pagar?[25]

A partir da proposta inicial da direção, esse depoimento foi o ponto de partida para o que se tornaria depois a personagem Segismundo, um misto de MC, rapper, menino, homem, poeta, bandido e herói que dialeticamente trazia a força e a fragilidade de quem esteve relegado ao esquecimento e ao abandono, e ainda assim inventou condições de sobrevivência.

No trabalho do ator-MC em seu depoimento da personagem, tudo é levado em consideração: seu estado antes de entrar em cena, a voz, a respiração, a caracterização, a postura

---

25 Texto meu que encontra-se no caderno de registros de textos dos atores, compilados durante o processo de montagem de *Acordei Que Sonhava*.

corporal que se torna *gestus* social, o ritmo, o encadeamento das ideias, a função social representada, a consciência de classe. Todos esses fatores fazem sentido e se ressignificam na medida em que se apresenta a relação dessa personagem com o mundo no qual está inserida, já que o depoimento é sempre dado em relação a algum fato, a alguma personagem, a uma situação específica. Essa relação é uma importante característica do teatro épico, como enfatiza Brecht:

> O teatro épico está interessado, antes de tudo, no comportamento que os homens adotam uns diante dos outros, sempre que forem comportamentos significativos social e historicamente (típicos). Desenvolve cenas nas quais as pessoas se comportam de forma que as leis sociais a que estão sujeitas vêm à luz. [...] O comportamento humano é mostrado como alterável; o próprio homem como dependente de certos fatores sociais e econômicos e, ao mesmo tempo, capaz de alterá-los.[26]

No depoimento, a forma e o conteúdo se apoiam e a lógica do raciocínio nunca chega desacompanhada da teatralidade. Em certos casos, um depoimento pode estar totalmente desvinculado das características físicas de um ator, desde que o discurso se sustente em forma e conteúdo. Nesse sentido, um depoimento marcante, que é usado como exemplo até hoje nos processos do núcleo, foi o da MC Mariana Lima, que participou do processo de pesquisa *Acordei Que Sonhava* e, como todos os atores, preparou os depoimentos de diversas personagens. Num dado momento, ela foi solicitada a trazer o depoimento da personagem General Clotaldo, algoz e "carcereiro" de Segismundo, que no enredo da peça é quem o vigiou durante os vinte anos que esteve preso na torre e o único ser humano com quem ele teve contato durante esse período. Nesse caso, o ponto de partida e o discurso para esse depoimento não foi buscado no trabalho de campo, mas na leitura de um livro sobre Ernesto Geisel, contendo uma longa entrevista com o general. Vestindo uma farda militar, botas, com a cabeça raspada, fala impassível e ritmada que não se alterava nunca, e com respostas infalíveis, rápidas e ponderadas, a figura instaurada por aquele depoimento conseguiu levar os perguntadores da "roda-viva" à raias do desespero na medida em que

26 B. Brecht, op. cit., p. 83-84.

respondia com argumentos baseados no pensamento dos que defendiam a ditadura militar no Brasil, com lógica e retórica brilhantes, às perguntas feitas por nós. O efeito daquela personagem foi devastador. Pela primeira vez, um depoimento se instaurava com tamanha força que se tornava impossível qualquer indiferença ou omissão no posicionamento dos presentes. Os maiores crimes e atrocidades eram defendidos com inteligência, clareza, elegância e educação exemplares e, não fosse o caso de termos consciência da recente história do Brasil, seríamos capazes de aplaudir o maravilhoso projeto de desenvolvimento proposto ao nosso país por aquela figura e seus aliados. À medida que íamos realmente nos desesperando e nos abalando emocionalmente, falávamos mais alto e gesticulávamos, quase no limite de partirmos aos xingamentos, o "general", por sua vez, mantinha a tensão no seu grau máximo, fixando-se como um firme ponto de objeções que mantinha a tensão da ação: falava mais baixo, permanecia quase imóvel, mantinha o ritmo lento da sua fala e em nenhum instante demonstrava medo. Ao final, ficamos todos surpresos com o nível de conflito real gerado e com o poder do um raciocínio, de uma personagem, de um depoimento, quando alinhado em sua forma e conteúdo, quando tão bem "encaixado" no "suporte" que o representa. O que presenciamos, em cena, foi um *gestus* social em sua plenitude. Na montagem, essa personagem foi representada por Claudia Schapira, que, aproveitando todo o impacto desse depoimento e mesclando-o às suas próprias referências (a ditadura na Argentina, seu país natal), criou um general Clotaldo que evocava a presença de uma figura verossímil que poderia ser um policial militar, um carcereiro de presídio, um oficial a serviço da ditadura militar brasileira ou de qualquer país da América do Sul.

O processo foi desenvolvido durante meses até o fechamento das personagens e do texto. Diante dos resultados colhidos durante os anos de pesquisa que se seguiram no núcleo, a metodologia desse exercício foi se aprimorando e com ela a qualidade dos depoimentos das perguntas feitas ao depoente, visto que passamos a entender melhor o papel de quem faz as perguntas e, já que se trata de um jogo cênico, qual a maneira de jogá-lo melhor a fim de que sejam feitas as perguntas que, ao mesmo tempo que permitam "testar" o raciocínio cênico de quem está em foco, criem condições propícias e acolhedoras para que a proposta do "depoente" seja realizada da melhor maneira possível e seus pontos fortes possam sobressair.

Paralelamente aos depoimentos, durante todo o processo de pesquisa do espetáculo, o texto foi todo dividido em pequenas cenas levantadas em inúmeras versões e estas, por sua vez, também serviram como material para a dramaturgia, bem como para os próprios depoimentos que se seguiram.

TRANSFORMANDO DRAMATURGIA EM RAP

No espetáculo *Bartolomeu, Que Será Que Nele Deu?*, numa primeira experiência da junção do teatro com a cultura hip-hop, o trabalho com o texto foi dividido: os atores se ocuparam das cenas mais "teatrais" como diálogos e monólogos e o MC convidado, Pedro Noizyman, fez separadamente as métricas e juntamente com o DJ Eugênio Lima produziu as bases dos raps que seriam cantados por ele e das músicas-tema relativas a cada uma das personagens. Os raps chegaram prontos, foram aprendidos e cantados pelas atrizes juntamente com o MC.

O processo de *Acordei Que Sonhava* trouxe um avanço nesse ponto. Embora todos os atores estivessem lidando com os quatro elementos da cultura hip-hop na construção de suas personagens, optamos por apresentar Segismundo como uma personagem que se expressava por meio do rap, como força de comunicação e autorrepresentação e em analogia aos MCs e rappers que, como ele, encontraram em suas próprias vozes e consciências, no ritmo e na poesia, a força motora para transcenderem a situação opressiva na qual se encontravam. No contexto musical, frequentemente o MC ou rapper é ao mesmo tempo o autor e emissor de seus raps, e no caso de *Acordei Que Sonhava*, embora todos os envolvidos tivessem participado da concepção do discurso das personagens e o texto final representasse a todos, ele foi sendo escrito pela dramaturga Claudia Schapira, com base nas cenas criadas e no texto original para, depois, chegar às mãos dos atores-MCs que lhe deram voz. Pode-se estabelecer aqui uma ponte com o caso do MC Melle Mel e o histórico rap "The Message", que, tomando-se as devidas proporções, é análogo à situação de *Acordei Que Sonhava* no que diz respeito à apropriação de um discurso não autoral. Segundo relata Jeff Chang em "The Message", somente o último verso da extensa letra é de autoria de Mel, mas embora todos os MCs de seu grupo tivessem tentado metrificá-la e cantá-la no estúdio, ele foi o único que conseguiu dar voz ao rap[27]. "The Message" tornou-se um caso tão emblemático, e está tão colado à imagem do grupo Grandmaster Flash and the Furious Five e de Melle Mel, que historicamente pouca ou nenhuma relevância tem o fato de ele ter sido ou não o autor da música inteira, pois ela já é indissociável de sua figura. É um caso em que um texto não autoral é incorporado tão organicamente pelo emissor, é tão intensamente "defendido" por ele e tem ressonância em suas ideias (já que a parte final foi escrita por Mel), que se torna parte indissociável de sua performance e o posiciona como "guardião" de um discurso do qual ele é porta-voz. Esse papel também foi conferido ao ator-MC em *Acordei Que Sonhava*, na medida em que tinha a função de transformar o texto escrito por outra pessoa em falas e músicas, observando elementos de uma estética própria do hip-hop que incluía: o rap, o canto falado, a métrica, o *flow*, a rítmica, o pulso, em contracena com batidas eletrônicas. Isso, em parte, já havia acontecido no espetáculo anterior, mas desta vez não foi chamado um MC "externo" especificamente para fazer as métricas. Tínhamos inicialmente a presença da MC Mariana Lima, que, embora tenha contribuído com algumas métricas e com o treinamento dos atores, não permaneceu no projeto até o seu fim, fato que acentuou ainda mais o processo de transformação do texto teatral em rap por parte do próprio ator-MC ou, no mínimo, a metrificação e rítmica desse texto, o que acabou por se tornar parte constitutiva de sua performance. No caso de Segismundo, houve um processo de apropriação tanto do texto teatral que deveria soar como um rap autoral nascido da própria necessidade de expressão da personagem, como da linguagem do MC, já que as métricas começaram a ser feitas por mim.

Já na primeira cena do espetáculo, o texto proposto era uma metáfora do processo de criação de um rap, quando

---

27 J. Chang, *Can't Stop Won't Stop.*

FIGURA 38: *Roberta Estrela D' Alva como Segismundo, em* Acordei Que Sonhava. *Foto: Gisele Rocha/Arquivo Núcleo Bartolomeu.*

Segismundo, em meio aos ruídos da prisão e a seu desespero, inventa um ritmo que se configurava em um "alívio pra agonia", que na pulsação e cadência da sua necessidade de expressão acabava por se tornar ritmo e poesia:

SEGISMUNDO:

> Preciso entender
> Preciso descobrir
> Eu só nasci
> Foi esse o meu delito,
> Ou algo a mais eu cometi?
> Vejo homens nascendo
> Sem pagar o preço
> Do pecado original
> Mas pesa sobre mim
> Sanha tamanha
> Fardo especial
> Uma sina aumentada
> Exagerada
> Monumental

Acima dos limites dos homens normais
Da natureza, dos animais,
Vejo os pássaros agindo por instinto
Abandonando o ninho
Com estranha calma
E eu que ajo guiado pela alma
Tenho menos liberdade?
O peixe nasce, e sádico, sua vida me escarnece
Pois ele cresce e se delicia
Rodopia entre sul e norte
E eu responsável por meu rumo e sorte
Tenho menos liberdade?
Nasce o rio
Serpente inconsequente que se estende
E como pixe de prata grafita a terra
Habitando de água a urbana lida,
E eu homem, com direito à vida, tenho menos liberdade?
E nesse estado de revolta permanente
Provocado por prisão sem precedentes,
Vivo aturdido por sonoro pensamento
Que arde forte,
Feito sol no firmamento
Ouço ruídos,
E nesse embalo
Falo,
Invento um ritmo
que é alívio pra agonia
Tenho os pés sangrando de ralar
Calcanhar na pedra pra rasgar
O que busco é o efeito da ferida:
É som que acaba por ser alento e guia.
A mistura dessa dor de som e sangue
É o tônico da alma do excluído
Ódio que arde e grita aos quatro ventos
Como um dragão de Ogum trancado que esperava
Liberdade há muito tempo.[28]

A ação dramática foi determinante para a criação da métrica desse texto. Como um animal enjaulado, Segismundo se debatia no chão de sua prisão, criando um *beat*, a batida sobre qual as palavras iam se cadenciando, num ritmo surgido a partir de uma necessidade cênica de demonstrar sua inconformidade. A forma

---

28 C. Schapira, *Acordei Que Sonhava*.

e o conteúdo foram se entrecruzando e criando diversas camadas de significações. Após o primeiro improviso, quando essa possibilidade surgiu, o texto foi metrificado dentro de uma base de compasso 4x4 e, assim que a forma pôde ser fixada, foi devolvido à cena e impregnado da visceralidade que a teatralidade daquele momento da narrativa pedia. Diferentemente de um show de rap somente musical, em que nem sempre, mas muitas vezes ,não há uma preocupação específica com o entendimento de todas as palavras que são emitidas pelos MCs, os raps utilizados em um espetáculo teatral estão dentro de um contexto narrativo específico em relação a um enredo, a outros personagens e a uma série de acontecimentos cênicos que se relacionam entre si. Portanto, a escolha do tipo de divisão métrica, e mesmo da base musical que acompanha a voz (e por vezes determina o rap), leva em consideração todos esses fatores interdependentes. O rap dentro da performance poética do ator-MC é também texto teatral, condutor de narrativa, que necessita ser perfeitamente entendido para que haja compreensão da história por parte do público, portanto, fatores como a dicção, a construção de refrões utilizando-se trechos do texto que necessitam de destaque e expressões que funcionam como marcadores de oralidade são recursos utilizados em relação com todo o aparato técnico, cênico e na contracena entre os outros atores. Em *Acordei Que Sonhava*, o trabalho feito com o texto pelos atores-MCs e a direção, criando uma partitura, que se relacionava com a música como parte da dramaturgia cênica, se firmou como um dos pontos principais dentro da linguagem teatro hip-hop.

TRÂNSITOS

O encontro de linguagens que resultou no teatro hip-hop trouxe uma nova maneira de trabalho dentro do universo teatral da pesquisa do núcleo e teve reverberações e desdobramentos individuais para os artistas envolvidos no processo. A lida com um texto teatral, que por vezes não seguia um padrão convencional de extensão ou de versos e rimas, ampliou as possibilidades estéticas de se fazer um rap, e o desenvolvimento dessa habilidade extrapolou o campo do teatro hip-hop, fazendo com que eu, por exemplo, começasse a escrever raps autorais e participasse como MC da formação de uma banda[29]. Assim como o DJ Eugênio Lima que antes atuava exclusivamente no campo musical, e começa a entrar em cena como ator, representando a personagem MC-povo, um narrador e espécie de alter-ego do Núcleo Bartolomeu que comentava as cenas. Eugênio trazia o arcabouço de um artista autodidata do hip-hop e claramente era um ator-MC que não havia passado pela formação de técnicas teatrais de interpretação, trazendo características específicas na sua maneira de interpretar, cantar e rimar, que beiravam a não representação, o que também contribuía para o efeito de distanciamento e "epicizava" ainda mais a narrativa. Seu procedimento como ator-narrador se evidenciava no momento do espetáculo onde o MC-povo se apresentava como libertador do príncipe Segismundo numa cena chamada de "Duelo de MCs", quando um embate em forma de diálogo, todo ritmado e metrificado, era travado entre ele e o príncipe Segismundo.

Ainda sobre os desdobramentos da linguagem, a atriz Luaa Gabanini se dedicou a aprender e a incorporar as técnicas de discotecagem de tal maneira que se tornou realmente uma DJ, chegando a atuar profissionalmente, a tocar em festas e eventos com toca-discos e discos próprios, levando a arte da discotecagem para além da cena:

aprender o procedimento te dá um outro ponto de vista sobre a mesma coisa. Aprender a tocar olhando pra cena te dá outro procedimento, além de você ser um ator em cena. [...] então, o meu processo abriu um pensar a cena pela música, pela concepção de um outro olhar. [...] Sou uma DJ que aprendeu a tocar com vinil. E até hoje eu toco com vinil [...] quando você se encontra com o procedimento, com a natureza dele, ele tem os seus códigos, e o código do DJ é o disco, então ir até um lugar e comprar o disco é da natureza do DJ. Eu fui lá comprar os discos, as *pick-ups*, o som pra ter em casa, comprei agulha, quebrei um monte de agulha. Faz parte você mexer com aquilo, é o tempo de aprender. [...] Eu acho a história do DJ que eu vivi naquele momento, me deu inclusive o ponto de vista que eu mais uso hoje em dia, que é o da dança[30].

---

29 A banda Diáspora, formada por Eugênio Lima (toca-discos), Cássio Martins (baixo), Daniel Oliva (guitarra) e João Nascimento (percussão), desenvolvia uma pesquisa musical baseada nos ritmos da diáspora negra como o hip-hop, samba, soul, funk e os ritmos das religiões afro-brasileiras.

30 Entrevista concedida em 16 ago. 2012.

Quanto à dramaturgia, Claudia Schapira escreveu um texto teatral para uma linguagem específica, processo em que manteve uma relação constante com a nova forma criada para se trabalhar com o texto. Nesse caso, o fato de a dramaturga também ser uma atriz-MC e diretora inevitavelmente influenciou sua escrita, assim como o fato do texto ter sido criado juntamente com as cenas a partir de suas propostas. O texto foi escrito considerando não só o ritmo de quem escrevia, mas o ritmo de quem fala. Embora existissem diálogos, muitas das cenas eram poemas, ou intervenções poéticas que eram declamadas ou musicadas. Uma diretora que lidava com atores que falavam no microfone o tempo todo, uma dramaturga que escrevia sabendo que seu texto seria amplificado por esse aparato técnico e que trabalhava o tempo todo considerando um DJ em cena. Não eram mais escritos somente textos teatrais, mas raps, poemas que formavam colagens poéticas. Além disso, considerando-se a dramaturgia cênica, ao invés de falas, alguns textos eram músicas prontas de outros artistas, que, propostas pela direção, cumpriam a função narrativa nas cenas. Essa maneira de pensar a escrita criou um estilo que foi aplicado em textos posteriores, dentro e fora da linguagem teatro hip-hop.

O PROCESSO DE SAMPLEAMENTO

Para o ator-MC, o *sample* tornou-se material de criação, e sua relação com ele, parte constitutiva da sua performance poética. O processo de sampleamento dentro do hip-hop é reconhecidamente uma de suas mais inventivas e importantes novidades conceituais e formais, e no teatro hip-hop esse conceito foi utilizado não só na música, mas em outros elementos como a dramaturgia, a interpretação, os figurinos e cenários. O conceito de sample foi estendido para dar conta de toda a utilização de recortes que, recontextualizados na obra, ressignificam o tempo, como comenta Claudia Schapira:

O sample pra mim é a forma e o conteúdo. É a possibilidade de eu ter uma roupa, um pedaço de tecido que foi usado no vestido de casamento da minha mãe, e ele fazer parte do meu vestido de casamento. Eu acho que isso é história viva. Isso é incrível. É materializar a ruptura dos tempos. Eu posso fazer uma homenagem ao Mandela, pegar uma frase do Mandela e deixar que ele se diga através de mim porque naquela frase, da maneira que ele disse, ele foi tão visionário, foi tão brilhante, que eu não quero retraduzi-lo; eu quero atualizá-lo. Então eu acho que o sample tem a ideia de juntar tempos. Eu, a partir do sample, tenho a possibilidade de cantar junto com quem não está mais junto. [...] Você rompe a barreira do tempo. E só a arte pode fazer isso. Então eu acho que o sample materializou a contracena do que seria impossível. Por que eu vou dizer alguma coisa que alguém já disse melhor? Por que eu não posso trazer aquilo, recontextualizar? Porque o ineditismo não pode estar em colocar realmente aquele que não pode mais estar conosco, recolocando o seu discurso aqui ao vivo e agora através da voz de um ator-MC, que usufrui daquele discurso e o faz seu também?[31]

O processo de sampleamento se dá primeiramente na seleção e recorte do sample por via da dramaturgia ou pelas próprias propostas dos atores-MCs, e, num segundo momento, pela colagem propriamente dita, que amplia os significados, dando maior abertura à obra. Além da colagem, o sampleamento também pressupõe um processo de montagem "a arte da recuperação dos materiais antigos" que "organiza a matéria narrativa cuidando da sua decupagem significante" e, em certo sentido, se difere da colagem, pois "é organizada em função de um movimento e de uma direção a ser impressa à ação, ao passo que a colagem se limita a entrechoques pontuais, produzindo efeitos de sentidos 'estrelados'". Podemos dizer então que dentro do teatro hip-hop tanto a colagem, que se dá com a utilização de textos (roupas, objetos, palavras, músicas, gestos) de várias procedências e épocas, quanto a montagem, que se caracteriza pela "descontinuidade, pelo ritmo sincopado, pelos distanciamentos ou pela fragmentação"[32], fazem parte do processo de sampleamento do qual o ator-MC é participante, condutor e também co-criador, já que os recortes por eles trazidos também são incorporados, sobrepostos ao texto que se tranformará em ação.

Temos um exemplo disso logo na primeira cena de *Acordei Que Sonhava*, onde víamos o príncipe Segismundo em uma

---

31 C. Schapira, entrevista concedida em 8 mar. 2012.
32 P. Pavis, op. cit., p. 249.

"cela", iluminado somente pela luz azulada de uma televisão. O tecido narrativo era formado: pela programação que passava no canal da TV naquele momento + um trecho sampleado da música "12 de Outubro", dos Racionais MC's + um trecho do livro do ativista americano Mumia Abu-Jamal, gravado em off + a atriz vestida com um figurino feito de diversos "trechos" de roupas de tecidos nobres e desenho "de época" juntamente com tecidos ordinários e um tênis Adidas surrado comprado num camelô no centro da cidade + um texto-poema escrito pela dramaturga em uma transcriação do texto original de Calderón de la Barca + intervenções de frases, cantigas e músicas tradicionais iorubanas + um cenário que tinha em seu fundo uma parede forrada de colagens de revistas com imagens de mulheres nuas e santos, remetendo à parede de uma cela de presídio feitos durante todo o processo pela própria atriz e pelo grafiteiro e cenógrafo Julio Dojcsar = a apresentação da personagem Segismundo. Camadas sobre camadas, bricola-gem, signos sobre signos que acabavam por criar múltiplas leituras e significações. E assim, sucessivamente, o espetáculo foi sendo montado parte a parte como uma colcha de retalhos, um mosaico, um tecido artesanalmente bordado. É interessante e sincrônico o fato de que *A Vida é Sonho*, a peça original de Calderón de la Barca, teve sua primeira impressão em 1636, período Barroco espanhol, e essa "aura" vinha diretamente ao encontro da proposta de uma linguagem mestiça, portanto bar-roca, e que prescinde de um processo de sampleamento, como é o caso do teatro hip-hop.

De certa maneira o conceito de montagem, que teve sua origem no teatro, fundamental dentro do cinema e nas artes contemporâneas, continua recorrente no vocabulário da área teatral, de tal modo que as companhias quando vão iniciar um novo projeto costumam dizer que vão "montar" uma peça. No teatro hip-hop, o conceito é radicalizado e o processo todo se dá como se o espetáculo já existisse em algum lugar, pulveri-zado em partes "desmontadas" e espalhadas em dramaturgias, livros, músicas, filmes, pedaços de tecidos e outros materiais, memórias, atuações, imaginários, sentimentos e pensamentos de todas as épocas em que o homem esteve presente, inclusive no presente e no futuro; e cabe aos artistas envolvidos, a busca

FIGURA 39: *Maysa Lepique (Princesa Estrela) e Benito Carmona (Duque Astolfo) em cena do espetáculo* Acordei Que Sonhava. *Foto: Gisele Rocha/Arquivo Núcleo Bartolomeu.*

de todas essas peças-pedaços, que, coladas, sobrepostas, justapostas, em ressonâncias, dissonâncias, diálogos, atritos e dialéticas, se dispõem juntas no tempo-espaço, dão forma a um novo tecido heterogêneo e complexo que é a própria obra. Uma estrutura semiótica que em seu processo e resultado acaba por criar linguagem, num processo autoconsciente do qual nos fala Iúri Lotman:

[...] cada pedaço de uma estrutura semiótica ou todo texto isolado conserva os mecanismos de reconstrução de todo o sistema. Precisamente a destruição dessa totalidade provoca um processo acelerado de "lembrança" – de reconstrução do todo semiótico por uma parte dele. Esta reconstrução de uma linguagem já perdida em cujo sistema o texto dado adquiriria a condição de estar dotado de sentido sempre resulta praticamente na criação de uma nova linguagem, e não na recriação do velho, como parece do ponto de vista da autoconsciência da cultura[33].

O sample tem uma função metonímica, em que uma parte em combinação com outras partes recria o todo, e o ator-MC tem o papel de reorganizar, traduzir e atualizar constantemente esse material em sua atuação.

Como no teatro hip-hop, o conceito de sample foi utilizado de forma expandida para todos os seus elementos, cenas inteiras foram feitas em cima desse conceito. É o caso daquela em que Astolfo, o duque de Moscou (Benito Carmona), cortejava a jovem princesa Estrela (Maysa Lepique) e que era toda baseada em diálogos do filme *Ligações Perigosas*, de Stephen Frears. Além das falas, sampleadas de um roteiro de cinema, a cena toda se passava num ringue de boxe, com elementos como: as assistentes de ringue que passavam entre um *round* e outro desfilando com placas que em vez de números continham frases numa alusão às "placas brechtianas"; a presença de um narrador que interrompia a cena com um gongo e fazia comentários

---

33 I. Lotman, *La Semiosfera*, v. 1, p. 31, "todo pedazo de una estructura semiótica o todo texto aislado conserva los mecanismos de reconstructión de todo el sistema. Precisamente la destrucción de esa totalidad provoca un proceso acelerado de 'recordación' – de reconstrucción del todo semiótico por una parte de él. Esta reconstrucción de un lenguaje ya perdido en cuyo sistema el texto dado adquiría la condición de estar dotado de sentido [...], siempre resulta practicamente la creación de un nuevo lenguaje, y no la recreación del viejo, como parece desde el punto de vista de la autoconciencia de la cultura".

épicos entre um *round* e outro, além da própria movimentação, recortada do pugilismo. Desse modo, são proporcionadas
diversas camadas com as quais os atores interagiam, além de
serem responsáveis por estabelecer o macrodiscurso da cena:
uma disputa política e de interesses entre o duque e a princesa.

Podem ser dados outros exemplos da atuação dos atores
como verdadeiros mestres de cerimônias da cena, lidando com
samples, conduzindo e participando como elemento de ligação
entre os diversos signos em relação à cena, como as falas da
personagem Buzina (no original a personagem Clarín, trans-
formada em uma menina de rua em *Acordei Que Sonhava*),
que a atriz Paula Preta interpretava em um processo tradutório
ao citar diretamente em suas experimentações trechos de raps
marcantes da época da montagem, em meio aos textos que lhes
eram dados pela dramaturga. Esses samples eram incorporados
às falas na dramaturgia, criando um movimento de distanciamento na medida em que o estilo da dramaturga era entrecor-
tado pelo estilo dos rappers e MCs, os quais eram invocados
pela atriz não só em sua letra, mas em sua forma, já que ela não
acomodava os trechos, amenizando-os em suas tintas originais
para que se combinassem com a fala que viria antes ou depois
deles, mas citava-os como se estivesse extraindo-os da música
naquele momento, com volume, intensidade e ritmo conforme
vocalizados por seus emissores originais. Essa prática, além de
trazer novas significações de conteúdo, trazia também a forma
na medida em que criava novas texturas às falas da atriz.

O sample também era usado diretamente, como foi o caso
da cena em que a princesa Estrela ironicamente interpela a
personagem Rosaura que no espetáculo era uma DJ interpretada pela atriz e também DJ Luaa Gabanini. Em uma das cenas,
Estrela lançava uma provocação humilhante à personagem,
arrematando-a com a pergunta ao final de sua fala: "O que
achas?", e era respondida com a frase "Afoga essa vaca dentro
da piscina", não saída da boca da atriz que interpretava Rosaura,
mas de uma frase sonora vinda dos toca-discos de onde ouví-
amos a voz do rapper Edi Rock, do grupo Racionais MC's, em
um trecho da música *Fim de Semana no Parque*. Por esta frase,
em resposta à pergunta da princesa Estrela, que representava
o poder oligárquico e escravocrata estabelecido, falam não só

Rosaura ou Edi Rock, mas todos aqueles a quem essas duas vozes representavam dando suporte ao contexto da cena. O sample novamente amplia e multiplica as significações do texto ao mesmo tempo que o faz com as possibilidades de ação na performance do ator-MC.

Ainda falando sobre como o conceito de sample é apropriado dentro do teatro hip-hop e pelo ator-MC, havia a cena final onde acontecia o grande embate entre o príncipe Segismundo e o Rei Basílio, seu pai. O embate era todo verbal, o Rei falava todo seu texto em uma poética erudita, em português arcaico, sobre a base de uma música clássica orquestrada, enquanto Segismundo respondia-lhe sobre batidas de hip-hop, citando trechos de raps como "Corpo Fechado", de Thaíde e DJ Hum, "Capítulo 4, Versículo 3", dos Racionais MC's e "Antigamente Quilombos, Hoje Periferia", do Z'África Brasil. As palavras tornavam-se espadas, revólveres, enquanto, a partir de samples, reuniam signos poderosos e potentes de cada um dos universos chamados "popular" e "erudito", que iam se contrapondo, criando a tensão e gravidade da luta de classes que estava ali sendo representada. Aqui, novamente a utilização do sample trouxe o distanciamento que ressignificou a cena dando espessura e volume ao discurso do ator-MC.

A dimensão poética do sample e o nível de envolvimento que é necessário ao ator-MC para se relacionar com ele reverberam nos receptores, o público, provocando a "invasão do imaginário pelo simbólico" da qual nos fala Paul Zumthor, em um pacto comum, em que o "fazer" e "desfazer" dessa memória comum é partilhado e não somente responsabilidade do ator. Por seu poder histórico, o sample convoca a tomada de posição por ressonância ou oposição, não deixando margem para o não posicionamento, como analisa Eugênio Lima:

eu vejo o sample como uma pílula de poesia comprimida. Eu conheci um jornalista austríaco, que costumava dizer que, quando você sampleia uma coisa, você está comprimindo quarenta anos, trinta anos, vinte anos, dez anos de história em um *beat* 4 x 4 de oito compassos. [...] Há uma categoria da excelência dessa arte que é a turma da Native Tongue, que é o começo dos anos de 1990, o De La Soul, o Tribe, o Prince Paul, e todos esses caras geniais. E eles vão construir, pegando uma coisa daqui e outra dali e juntando e criando uma terceira coisa.

FIGURA 40: *A partir da esquerda, Benito Karmonah (guarda), Roberta Estrela D'Alva (Príncipe Segismundo), e Manoel Boucinhas (General Clotaldo). Cena do espetáculo* Acordei Que Sonhava. *Foto: Gisele Rocha/Arquivo Núcleo Bartolomeu.*

Eles vão dar o vocabulário, desconstruindo uma coisa e construindo outra. "Posso sair daqui, pra me organizar. Posso sair daqui pra desorganizar. Da lama ao caos do caos à lama, um homem roubado nunca se engana." É o Chico Science! É a desorganização pra organizar e a organização pra desorganizar. Essa coisa do sample traz um passado que está sendo reconfigurado o tempo todo. Então ao invés de ele ser a lembrança que desagrega, ele é a lembrança que é desconfigurada, mas que é agregadora. Porque ele une os diferentes. Ao unir os diferentes ele cria uma terceira coisa. Essa terceira coisa por si vai ser trabalhada e vai entrar em você e vai se conectar com aquelas vozes que estão contidas lá dentro. Tanto é que, quando você não tem o que dizer em relação a isso, você vai ter que sair do eixo, por que ela é impositiva, você vai ter que dialogar com ela. Você vai ter que dizer algo sobre você[34].

SAMPLEANDO CULTURAS: O IORUBÁ

Durante o processo de *Acordei Que Sonhava* outros elementos foram se somando para dar vida às personagens dentro de uma linguagem que, ao criar novas perspectivas, criava a si própria. A dança de rua, uma das bases do nosso treinamento, era incorporada na gestualidade, enquanto as possibilidades

34 E. Lima, entrevista concedida em 27 jul. 2012.

de contracenar com a música iam sendo ampliadas. O texto era desconfigurado e reconfigurado constantemente na busca por uma poética específica para a forma que estava surgindo e vice-versa. Especificamente no caso de Segismundo, como representava a figura de um MC, um de seus principais pontos de concentração foi o trabalho com a palavra e a oralidade. O trabalho vocal desenvolvia-se no sentido de encontrar uma voz para a personagem masculina, feita por uma mulher, mas que ao mesmo tempo não abandonasse o distanciamento épico, nem maquiasse a voz feminina. Um momento determinante na caracterização dessa personagem foi a incorporação do iorubá em suas falas. Na busca por uma maneira de trazer a "gíria" para o texto, não só em seu efeito poético, mas político, e como recurso de distanciamento épico, foi sugerido pela direção, em certa altura do processo, que fossem introduzidas aulas de iorubá na minha preparação para o papel. Durante sete meses me sentei em frente ao professor nigeriano Tajudeen Adeleke Ajiyobiojo na varanda de um apartamento térreo de um altíssimo edifício na rua Barata Ribeiro e entre o barulho ininterrupto de carros da avenida Nove de Julho, numa espécie de vácuo no tempo, de fresta anacrônica, como se estivesse aos pés de um baobá, frente a meu tutor, ouvia histórias e cantigas da África ancestral e, de posse de uma cartilha xerocada, aprendia os números, as letras, os dias da semana, e assim percebia que na cultura iorubá não há dissociação entre língua, ancestralidade, espiritualidade e cultura, e que tudo está diretamente ligado às forças da natureza. Era dessa maneira que Adeleke ensinava, e foi com essa maneira de aprender que fui fazendo um paralelo direto com a própria história do príncipe Segismundo, que, renegado e deixado à sua própria sorte, diz em seu texto inicial ter aprendido as palavras com o vento, a matemática com o voo dos pássaros, numa experiência empírica de observação e comunhão com a natureza.

A associação análoga da gíria com o dialeto (cantada em verso e poesia pelos Racionais MC's na música "Negro Drama", mais especificamente quando nos diz: "Ginga e fala gíria. Gíria não! Dialeto") se materializou no texto de Segismundo e em meio ao texto em português, repentinamente irrompia uma frase, uma palavra, uma cantiga em iorubá, que ao mesmo tempo que remetia a uma ancestralidade negra e um pertenci-mento racial, trazia um outro tempo, o tempo circular da África, para dentro do nosso tempo, utilizando-se de um código-linguagem próprio, que circunscrevia um grupo social específico e representava a "voz do gueto", impenetrável e indecifrável para aqueles que não são iniciados. Não só as palavras, a prosódia e entonações foram incorporadas na composição da personagem Segismundo, mas muitas características da gestualidade de Adeleke foram aproveitadas e se presentificaram em sua movimentação corporal já que a oralidade não se reduz à ação da voz e "implica tudo o que em nós se endereça ao outro, um gesto, um olhar". Toda a poética do movimento que está implícita na poética oral foi incorporada já que "o modelo gestual faz parte da competência do intérprete e se projeta na performance"[35].

Em meio a tantos procedimentos sobrepostos e descobertas da linguagem, *Acordei Que Sonhava* representou um marco estético e político para o Núcleo Bartolomeu e inaugurou uma nova maneira de criar e se relacionar com o teatro e o hip-hop, que são a matéria-prima da nossa criação. Foi o começo da trajetória do ator-MC e suas possibilidades, que se expandiram e, até hoje, continuam se expandindo dentro do teatro hip-hop e para além dele.

---

35 P. Zumthor, *Introdução à Poesia Oral*, p. 203.

"Nós precisamos falar com você. Não deixe de vir à reunião."

A reunião era um encontro da Frente 3 de Fevereiro, coletivo transdisciplinar, formado no ano de 2004 em resposta ao assassinato do dentista negro Flávio Ferreira Santana no ano de 2000, que desenvolvia ações simbólicas, produção de livros, documentários e investigações colaborativas sobre o racismo na sociedade brasileira. Havia participado das primeiras reuniões e de suas primeiras ações, mas estava um pouco distante nos últimos meses. Até o momento desse "chamado".

"Nós fomos convidados pra abrir a Mostra Internacional 'Vídeo Brasil', no Sesc Pompeia. Temos uma entrevista com o sociólogo e cineasta Noel Carvalho e queremos transformar isso numa narrativa, e o Noel, num personagem. A ideia é fazer um espetáculo com vídeos das nossas intervenções, música e 'meio que' umas cenas... Pelo que a gente viu no *Acordei Que Sonhava*, achamos que tem que ser você."

O projeto precisava de uma voz. De um porta-voz. Não era uma personagem para um ator. De fato, no início nem era uma personagem, e sim uma intervenção poética, um depoimento, uma condução narrativa. Mas também não era caso para um MC, pois, como foco da narrativa, esse "intérprete" teria que ter uma experiência cênica teatral para dar dinâmica ao espetáculo, lidando com todos os elementos propostos. O que o projeto precisava era de um ator-MC, com todos os recursos desenvolvidos até então e que puderam ser vistos em ação em Acordei Que Sonhava. Um artista híbrido que juntava depoimento com interpretação e que sobretudo era portador de uma linguagem específica. E eu precisava de um coletivo como aquele. Entrei!

"A gente tem umas referências pra te mostrar do que estamos imaginando. Você conhece um lance chamado *poetry slam*?"

E, a partir dali, um novo mundo se abriu. Eu já havia tido contato com trabalhos de poesia falada, os quais também são chamados spoken word, *como "A Revolução Não Será Televisionada", de Gil Scott-Heron, mas os materiais sobre o* poetry slam, *aos quais comecei a ter acesso, ampliaram muito a minha percepção dos usos da palavra em performance, do texto em ação. Dentre eles, o documentário* Slam Nation *(1998), de Paul Devlin, que vinha com uma inscrição na capa do DVD: "poetry slam – o esporte da poesia falada", e acompanhava o time de Nova York no campeonato estadual de poetry slam nos EUA. O que mais chamava a atenção era a diversidade dos participantes e os diferentes estilos, as inúmeras possibilidades rítmicas e performáticas dos slammers e a proporção que a "modalidade" havia tomado não só nos Estados Unidos, mas em vários países do mundo. Outro material que abriu possibilidades sobre o cruzamento "palavra x música" foi o documentário sueco* Surplus: Terrorized Into Being Consumers *(Erik Gandini, 2003) que com uma edição musical ritmada, usando recursos como repetições, pausas e manipulação de volumes, transformava as falas dos entrevistados em músicas, em* spoken word.

"Chegaram aqueles filmes que nós encomendamos, o *Slam* e o do Spike."

Saul Williams, Saul Williams, Saul Williams! A identificação com o ator, MC, *poeta,* slammer *que interpretava o papel de Raymond Joshua no filme* Slam, *de Marc Levin, foi imediata. Williams, que também participa do filme* Slam Nation, *é um ator com fortes influências da cultura hip-hop, e, além dos diálogos usuais, sua intepretação era entrecortada com declamação de poesias, raps e textos autorais. Com sua atuação épica, que muito se aproximava ao que estava pesquisando, Saul Williams foi e continua sendo para mim uma forte referência como artista. Outra influência determinante foi a atuação de Robert Guenveur Smith, no filme* The Huey P. Newton History, *dirigido por Spike Lee. O filme, originalmente uma peça de teatro escrita, dirigida e protagonizada por Smith, conta a história de um dos líderes dos* Black Panthers, *o polêmico Huey P. Newton, e é praticamente a filmagem da peça. O ator, com pouquíssimos recursos – uma cadeira, um microfone, algumas imagens de arquivo projetadas contextualizando o período histórico e o público assistindo –, vai explorando o ritmo e a prosódia do texto, criando uma impressionante musicalidade e transmitindo os "estados de espírito" de Huey P. Essa referência foi determinante para a Frente 3 de Fevereiro, e partimos da mesma estética "cadeira+microfone" no nosso espetáculo.*

"Então, aqui está a entrevista…"

Além de alguém que desse voz ao depoimento de Noel Carvalho e de outros textos que foram se somando ao projeto, era necessário o contato com esse material bruto para transformá-lo em uma narrativa, em falas, em um roteiro. Juntamente com outros integrantes do grupo, transcrevi parte do material que estava em vídeo. E esse processo foi fundamental, pois ali entrei em contato com a performance da persona que seria a base de toda a representação, diferentemente do que teria acontecido se o texto já tivesse chegado transcrito por outra pessoa, pois tive a oportunidade de observar durante o processo de transcrição, a gestualidade, a vocalidade e o contexto no qual foram respondidas as perguntas. Durante todo o período de montagem e ensaios, além de uma incursão em um novo mundo, o do poetry slam e do spoken word, iniciou-se um processo de transformação de uma entrevista, material não necessariamente teatral, em performance, em cena, roteirizando--o e enxertando samples, procurando conflitos, inserindo outras vozes, teatralizando-o. Como eu mesma iria representar o que estava escrevendo, a forma já se dava ao mesmo tempo que a seleção e elaboração do conteúdo era feita. A forma se tornava conteúdo e o conteúdo, forma. Todos os integrantes tinham acesso ao material elaborado, que era modificado, completado, cortado, relacionado com a imagem e com a música durante os ensaios. Como resultado, no dia 6 de setembro de 2005 estreou FUTEBOL, *espetáculo multimídia da Frente 3 de Fevereiro, com enorme repercussão, que nos levou a apresentá-lo no ano seguinte no Festival Brasil em Cena, em Berlim, e com repercussão ainda maior em termos estéticos e políticos no trabalho que eu seguiria desenvolvendo dentro e fora do Núcleo Bartolomeu de Depoimentos. O grupo ainda criou nos anos seguintes uma série de intervenções e uma trilogia composta por um documentário* Zumbi Somos Nós, *um livro,* Cartografia do Racismo Para o Jovem Urbano, *e um disco,* Diáspora Afronética.

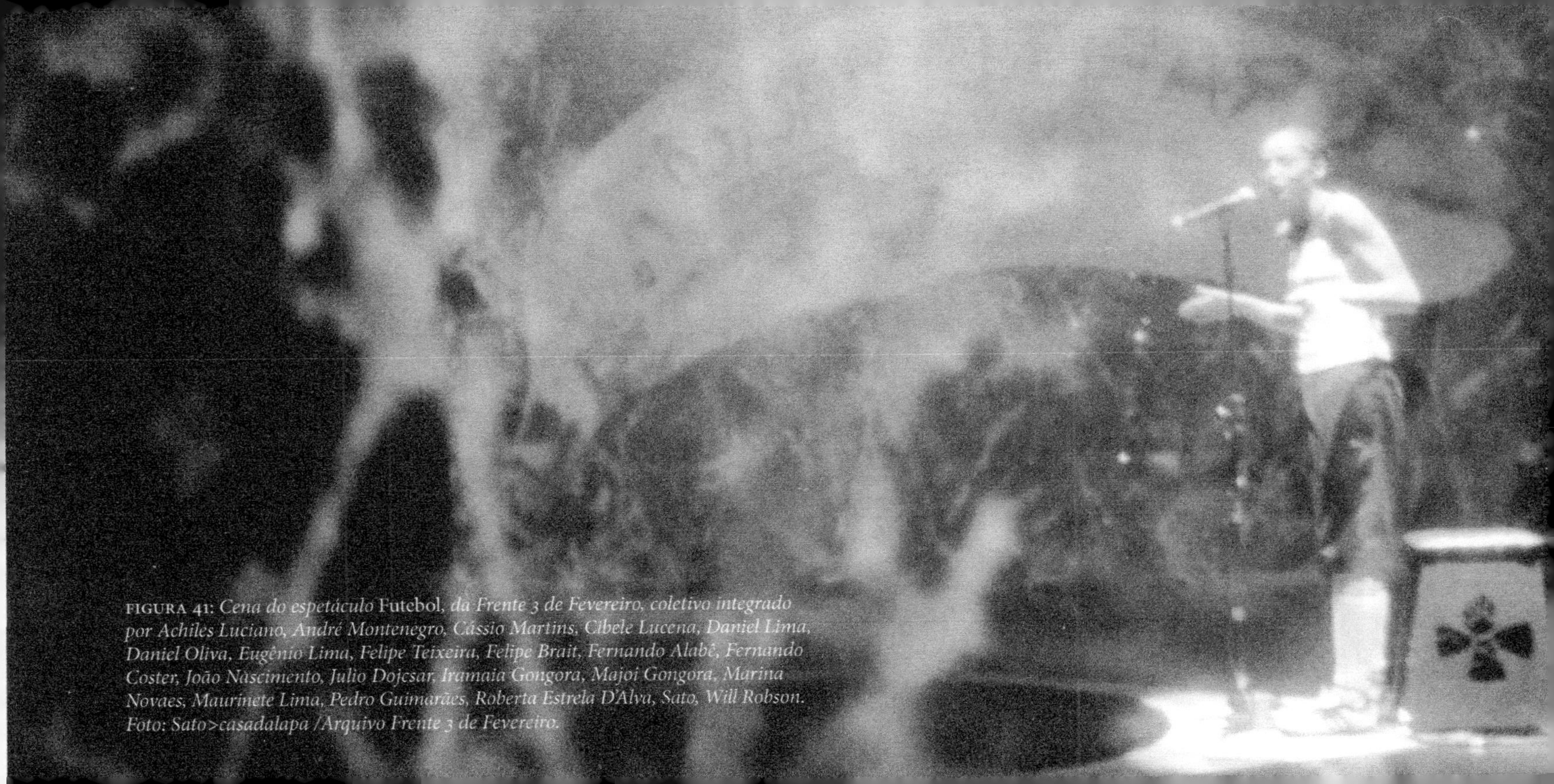

FIGURA 41: *Cena do espetáculo* Futebol, *da Frente 3 de Fevereiro, coletivo integrado por Achiles Luciano, André Montenegro, Cássio Martins, Cibele Lucena, Daniel Lima, Daniel Oliva, Eugênio Lima, Felipe Teixeira, Felipe Brait, Fernando Alabê, Fernando Coster, João Nascimento, Julio Dojcsar, Iramaia Gongora, Majoi Gongora, Marina Novaes, Maurinete Lima, Pedro Guimarães, Roberta Estrela D'Alva, Sato, Will Robson. Foto: Sato>casadalapa /Arquivo Frente 3 de Fevereiro.*

3. O Ator-MC e o Universo do Poetry Slam **e do** Spoken Word

SPOKEN WORD E POETRY SLAM

Poderíamos definir o *poetry slam,* ou simplesmente *slam,* de diversas maneiras: uma competição de poesia falada, um espaço para livre expressão poética, uma ágora onde questões da atualidade são debatidas ou até mesmo mais uma forma de entretenimento. De fato, é difícil defini-lo de maneira tão simplificada, pois, em seus 25 anos de existência, ele se tornou, além de um acontecimento poético, um movimento social, cultural, artístico que se expande progressivamente e é celebrado em comunidades em todo o mundo.

Foi no ano de 1986, no Green Mill Jazz Club, um bar situado na vizinhança de classe trabalhadora no norte de Chicago, nos Estados Unidos, que o operário da construção civil e poeta Mark Kelly Smith, juntamente com o grupo Chicago Poetry Ensemble, criou um "show-cabaré-poético-vaudevilliano" chamado Uptown Poetry Slam, considerado o primeiro *poetry*

FIGURA 42: *Integrantes do Núcleo Bartolomeu apresentando o* ZAP! *Slam. A partir da esquerda, Eugênio Lima, Roberta Estrela D'Alva, Claudia Schapira e Luaa Gabanini. Foto: Leonardo Mussi.*

slam[1]. Smith, em colaboração com outros artistas, organizava noites de performances poéticas, numa tentativa de populariza-ção da poesia falada em contraponto aos fechados e assépticos círculos acadêmicos. Foi nesse ambiente que o termo *poetry slam* foi cunhado, emprestando a terminologia *slam* dos tor-neios de *baseball* e *bridge*, primeiramente para denominar as performances poéticas, e mais tarde as competições de poesia. Assim, em um fim de noite, de forma orgânica e a partir de um jogo improvisado, o *poetry slam* nasceu, como é relatado por Susan B.A. Somers-Willett:

Smith encontrou, um formato que "pegou". Ele realizou uma compe-tição simulada no final do show, deixando o público julgar os poemas apresentados no palco, primeiro com vaias e aplausos e, posterior-mente, com pontuação numérica. O público foi compelido por este formato e Smith logo fez da competição uma atração regular nas noites de domingo do bar Green Mill. Foi lá, entre o tilintar dos copos de uís-que e rajadas de fumaça de cigarro, que o Upton Poetry Slam nasceu.[2]

O *Uptown Poetry Slam*, que acontece até hoje nas noites de domingo no mesmo bar Green Mill, ganhou adeptos (poetas e público), cresceu vertiginosamente e o *poetry slam* se espalhou não só por Chicago, mas por outras cidades dos Estados Unidos. As competições se tornaram nacionais, culminando em 1990 no primeiro National Poetry Slam realizado na cidade de São Fran-cisco, no qual competiram três times com *slammers*[3] de Chicago, São Francisco e Nova York. Logo as competições chegaram a países como Suécia, Inglaterra, Alemanha e Canadá. Em 2002, o primeiro campeonato internacional de *slam* foi realizado em Roma, Itália. Os poetas apresentaram-se em suas línguas nati-vas e, em uma grande tela de projeção posicionada atrás deles, o público acompanhava simultaneamente as traduções.

1   M.K. Smith; J. Kraynak, *Stage a Poetry Slam*, p. 10.
2   S.B. A. Somers-Willett, *The Cultural Politics of Slam Poetry*, p. 4, "Smith stum-bled on a format that stuck. He held a mock competition in the show's final set, letting the audience judge the poems performed onstage – first with boos and applause and later with numeric scores. The audience was compelled by this format and Smith soon made the competition a regular attraction on Sunday nights at Green Mill. It was there, among the clinking tumblers of wiskey and wafts of cigarette smoke, that the Uptown Poetry Slam was born."
3   Nome dado aos poetas que participam de *poetry slams*.

FIGURA 43: *Marc Kelly Smith, criador do* Poetry Slam. *Foto: Arquivo do artista.*

Hoje as maiores comunidades de *slam* fora dos Estados Unidos estão na França e Alemanha, mas estima-se que existam mais de quinhentas comunidades [...] em países como Austrália, Zimbabwe, Madagascar, Ilhas Reunião, Singapura, Polônia, Itália e, até mesmo, o Polo Norte.[4]

O termo "comunidade" define bem os grupos que praticam o *poetry slam*, já que esses vêm se organizando coletivamente em torno de um interesse comum, sob um conjunto mínimo de normas e regras. As comunidades cultivam o respeito aos fundadores do movimento e conhecem de forma bem detalhada sua história recente, seus fundamentos e "filosofias"[5]. Ainda no que diz respeito a essa vocação comunitária, muito embora existam "figuras carimbadas" e *habitués* que frequentam regularmente os *slams*, tornando-se uma espécie de "personagens", não há incentivo à criação de poetas "superstars", mas, pelo contrário, prega-se que o propósito do *poetry slam* não seja a glorificação do poeta em detrimento de outros, mas a celebração da comunidade à qual ele pertence.

---

4   M.K. Smith; J. Kraynak, op. cit., 13.
5   No web site de Marc Smith, não sem ironizar o termo, ele descreve as "filosofias" que considera "serem a espinha dorsal" do que ele chama de "Família Slam", dentre elas "The Slam should be open to all people and all forms of poetry" (O Slam deve estar aberto a todas as pessoas e a todas as formas de poesia).

Para que um *slam* aconteça é fundamental a participação coletiva e ativa de todos os presentes e, embora existam artistas que se destaquem na cena, até mesmo tornando-se celebridades e seguindo carreiras solo, como é o caso de Saul Williams, ator do premiado filme *Slam*. Estes são considerados por muitos *slammers* como artistas que fazem *spoken word*, e não *slam*, na medida em que este último só acontece com a participação da comunidade, de outros *slammers*, sem que nenhuma das partes atuantes se sobreponha à outra.

O termo *spoken word* está relacionado com diversos universos, como o da poesia *beatnik*, dos movimentos negros americanos e seus discursos políticos, do hip-hop e o das performances literárias contemporâneas. Começou a ser usado no começo do século xx nos Estados Unidos e se referia a textos gravados e difundidos pelo rádio. Alcançou grande repercussão nos anos de 1990 com o surgimento dos *slams*. Somers-Willett refere-se às relações do *spoken word* com os gêneros da música negra americana, principalmente o hip-hop. Dá ênfase às origens comerciais do *spoken word*, que, por ser uma manifestação que pode ser registrada, reproduzida e comercializada, principalmente pela indústria fonográfica, tornou-se um rentável produto comercial, algo que muitos de seus participantes e apreciadores desconhecem.

De fato, pensando com Benjamin, a aura do *slam*, o momento presente em que o encontro se dá, não é passível de reprodução, e muito embora existam registros dos campeonatos e até mesmo livros de antologias com os poemas que são recitados, nada substitui a presença física, o encontro, o diálogo entre as diferenças, pontos centrais desse tipo de manisfestação.

Nesse sentido, os *slams*, que inicialmente têm como mote a competição, tomam a proporção de uma celebração, que conta com um mestre de cerimônias, chamado *slammaster*, e onde a palavra é comungada entre todos, sem hierarquias. Um círculo poético onde as demandas "do agora" de determinada comunidade, suas questões mais pungentes, são apresentadas, contrapostas e organizadas de acordo com suas vivências e experiências.

Tudo isso acontece de forma dinâmica, roteirizada, em um percurso bem definido que conta com claros pontos de partida e de chegada (uma abertura e um fechamento), criando entre esses dois momentos um espaço imponderável que é preenchido com performances-poemas e onde tudo pode acontecer.

Do ponto de vista prático, as comunidades de *slam* organizam-se de acordo com suas realidades e são incentivadas, pelo próprio fundador Marc Smith, a levarem em consideração suas especificidades e a criarem dinâmicas de funcionamento que atendam às suas demandas, para que a prática do *slam* se torne orgânica e não algo rígido e aprisionador. O *slam* tem um caráter *copyleft*[6], nenhuma das comunidades paga para usar o nome ou o "método", as informações são disponibilizadas em rede para todos e incentivados o diálogo e o trânsito entre diferentes comunidades: "O que nós fazemos, o que nós sabemos, o que descobrimos é passado de poeta para poeta, de cidade a cidade, de *slam* a *slam*, até para nossos rivais"[7].

Dessa maneira, embora encontrem-se variações na forma em que os *slams* são realizados, na maior parte das comunidades existem três regras fundamentais que são mantidas: os poemas devem ser de autoria própria do poeta que vai apresentá-lo, deve ter no máximo três minutos e não devem ser utilizados figurinos, adereços, nem acompanhamento musical.

Se pensarmos na primeira regra, quando o autor que escreve é aquele que vai representar o texto e analisarmos a performance poética do ponto de vista do discurso, voltaremos à ideia da autorrepresentação. Esse caráter trazido pelos *slammers* na figura do "autor-performer" se potencializa e se intensifica dentro de outra regra: os poemas devem ter no máximo três minutos. A restrição do tempo é algo que, de início,

---

6 Em oposição ao conhecido termo *copyright*, que é o direito (*right*) de cópia (*copy*) de bens artísticos ou intelectuais, o termo *copyleft* começou a ser usado por programadores de informática, que defendiam a ideia de software livre já no início dos anos de 1980. Quem recebesse um programa livre tinha a condição de que, se o copiasse ou o aprimorasse, mantivesse as características livres que tinha recebido: o direito de rodar livremente, de modificar livremente e de copiar livremente. O termo partiu do programador de informática Don Hopkins que, brincando, escreveu certa vez em uma carta para Richard Stallman, conhecido militante de software livre, a expressão: "Copyleft: all rights reversed" (esquerdos autorais: todos os direitos invertidos) em alusão à nota comum "Copyright: all rights reserved" (direitos autorais: todos os direitos reservados).

7 M.K. Smith; J. Kraynak, op. cit., p. 12.

democraticamente garantia que o maior número de pessoas participasse dentro da duração determinada dos eventos de *slam*. Mas, para além disso, ela é um limite que acabou por influir diretamente na forma e até mesmo no conteúdo dos poemas apresentados. Considerando que os *slammers* contam com um período de tempo reduzido para comunicar uma ideia, provocar emoção, contar uma história e despertar sentimentos no público e nos jurados, pode-se dizer que seu trabalho criativo passa por um processo determinado e específico de concentração e expansão. Num primeiro momento, os *slammers* utilizam toda sua habilidade poética e de composição para trazer a um espaço de tempo reduzido, o máximo de profundidade sobre o tema que querem desenvolver ou da frequência cênica que querem invocar. Posteriormente, se dá o momento da expansão, quando o conteúdo concentrado se vivifica por meio da emissão sonora e se dilata na performance, abrindo universos de tempo, espaço e memória, ultrapassando o limite temporal, presentificando a "forma-força" do texto (em seu sentido amplo) e levando o público a percorrer tempos-espaços memoriais, históricos, espirituais, míticos e afetivos. É nesse momento, da performance, que se dá novamente o encontro das memórias: "Reconstruindo o tipo de memória que partilham o texto e seu consumidor, descobre-se a imagem da leitura escondida nele."[8] Dependendo do grau de identificação da plateia com o poema, esse tempo se estende ou se contrai, distancia ou aproxima o passado, presentifica ou desmorona o presente, joga "iscas para o futuro".

Os espectadores vibram com *slammers* que conseguem tirá-los de onde estão, que provocam paixão, ódio, que despertam desejo, dor, repulsa, admiração. Os poetas que entram nessa arena sabem do quanto é necessário emocionar o público, com humor, horror, caos, doçura, perturbação, enfim, estão a seu dispor um repertório de inúmeras sensações emocionais e corporais que são capazes de provocar, e os mais diversos recursos são usados por eles para atingir esses fins. Nesse caso, a regra que não permite o uso de adereços, figurinos ou acompanhamento musical também influencia tanto na composição quanto na execução da performance, pois, apenas com

---

8 J. Pires Ferreira, *Armadilhas da Memória e Outros Ensaios*, p. 83.

a gestualidade do corpo (do qual a voz também é parte integrante), os poetas devem criar todos os efeitos que qualquer um desses elementos trariam. A partir disso, nota-se, nas apresentações dos *slammers*, um trabalho artesanal que realizam com a palavra, que se torna uma "palavra visível"[9], e tratada como um pedaço de barro ou de madeira, modelada, talhada, pintada com cores, em meio a recursos de velocidades, intensidades, repetições, densidades, timbres e "marcadores de oralidade", é organizada para materializar o que não está presente e que os poetas desejam presentificar para o público.

Tudo isso traz teatralidade às performances, pois a necessidade de composição minuciosa obriga os *slammers* a explorarem o máximo de seus "corpos-vozes", em sua musicalidade, dinâmicas de respiração e movimentação corporal, presentificando nessa dança-representação, imagens, sentimentos e cores, em busca de uma comunicação imediata e urgente. Nesse sentido, não há quem saia ileso das performances de um *slam*, todos estão em risco, implicados em seus saberes, já que: "A performance, de qualquer jeito, modifica o conhecimento. Ela não é simplesmente um meio de comunicação: comunicando, ela o marca."[10]

Outros dois pontos fundamentais dentro de um *slam* de poesia e que dizem respeito à recepção são os jurados e o público. Num total de cinco[11], o júri é escolhido aleatoriamente dentre as pessoas do público presente, levando-se em consideração o máximo de diversidade possível. Os jurados têm a difícil missão de dar notas aos poemas apresentados, considerando o conteúdo e a forma. Recebem pequenas plaquetas ou papéis onde marcam notas de zero a dez. As placas são levantadas individualmente, logo em seguida ao final de cada poema, e dessa maneira não há tempo para análises demoradas; o impacto da performance e do texto é o que geralmente é "julgado". A menor e a maior nota caem para que não haja favorecimentos ou desfavorecimentos propositais. É feita uma média e o poeta que consegue a maior pontuação nas rodadas

---

9   Ibidem.
10 P. Zumthor, *Performance, Recepção e Leitura*, p. 32.
11 Grande parte dos *slams* utiliza-se desse número de jurados, mas o número, assim como o restante das regras, pode variar dependendo da comunidade em que o *slam* é realizado.

é o campeão da noite. O público participa inspirando os poetas com aplausos, batendo os pés no chão, vaiando quando discorda das notas dos jurados, e é encorajado a fazê-lo pelo *slammaster*. Em alguns casos, o público chega até a interferir com palavras nos poemas, ou num gesto que já virou código nos *slams*, estalando os dedos ritmadamente em sinal de concordância e de contentamento com o poema apresentado.

O aspecto competitivo é sempre uma característica polêmica quando falamos em *poetry slam,* e na medida em que os campeonatos foram se tornando conhecidos e chamando a atenção da mídia, aumentaram as críticas à maneira "fria" e "pouco profunda" com que são atribuídas as notas aos poemas, e até mesmo ao fato de se dar notas a poemas que, por si só, já seria algo absurdo. Zumthor refere-se à instância competitiva, historicamente ligada à poesia oral pela própria maneira pela qual se constituiu através dos tempos:

> Marcada por sua pré-história, a poesia oral cumpre assim uma função mais lúdica que estética: ela garante essa partida no concerto vital, na liturgia cósmica. Ao mesmo tempo, é enigma, ensinamento, divertimento e luta. Historicamente, jamais perde por inteiro essas características. Daí sua relativa indiferença aos cânones sucessivos da beleza e, frequentemente, sua agressividade, sua tendência a se organizar em formas constrastivas, provocadoras, sucitadoras de competição.[12]

Algumas críticas também são feitas à diminuição da espontaneidade e originalidade dos poemas pela recorrente utilização de "truques" e "fórmulas prontas" à medida que os *slammers*, por conta do aspecto competitivo, assumem uma postura em que o foco principal é agradar ao júri a qualquer custo ou convencê--lo de que o seu poema é o melhor. Na tentativa de relembrar aos *slammers* os propósitos primeiros do "jogo poético", surgiram frases como: "O ponto não são os pontos, o ponto é a poesia", do *slammaster* Allan Wolf, que recorrentemente é citada em campeonatos de *slam* por todo o mundo, e que foi rebatida com a irônica frase: "O ponto não são os pontos, o ponto é fazer mais pontos!", vinda de Taylor Mali, conhecido como um dos mais competitivos, histriônicos e ambiciosos *slammers* de todo

---

12 P. Zumthor, *Introdução à Poesia Oral*, p. 279-280.

o recente histórico dos *slams*. Os próprios poetas se dividem em opinião, e alguns relativizam essa questão, como fez David Lee Morgan, campeão inglês de 2011, em entrevista durante a Copa do Mundo de *Poetry Slam*, em Paris, na França:

Eu acho que é uma forma de arte, e, como toda forma artística tão popular quanto o *slam* está se tornando, surgem pessoas que fazem isso para serem bem-sucedidas. Assim como vários filmes são feitos para ganhar dinheiro, muitas poesias de *slam* são feitas para ganhar pontos. Mas ainda assim há grandes obras de arte no cinema, e eu acho que progressivamente há grandes obras sendo criadas por poetas de *slam*, poetas-performers, é um novo gênero que está chegando.[13]

Há de se reconhecer que na busca por performances impactantes o discurso de muitos *slammers* se acentua racial e politicamente levando a temas polêmicos, expondo suas vidas privadas. O que acontece em muitos desses casos é que as temáticas ficam em destaque e, por vezes, até mesmo se sobrepõem a qualquer outra característica dos poemas. Mas, em meio a clichês e repetições de fórmulas, poetas com uma variedade temática e estilística enorme, em sua grande maioria apropriados do conteúdo político e social de seus discursos, frequentemente arrancam ovações de um público verdadeiramente emocionado e notas altas dos jurados pela honestidade e franqueza cortantes:

> Não reaja, finja de morto!
> Tudo é belo, tudo está bem
> Eu sou positivo. Eu entrei no seu sistema.
> E eu sou HIV positivo.

Assim terminava o poema "Positif", de David Goudreault, campeão da Copa do Mundo de *Poetry Slam* realizada em Paris, em junho de 2011. David declamou poemas de conteúdo autobiográfico e identitário e, assim como os outros quinze poetas presentes na competição, fez de sua história pessoal e reflexões sobre o tempo em que vive material para seus versos.

Seu depoimento pessoal foi estetizado, e o ritmo, a materialidade da voz, a presença do corpo, a punção vital da narração autorrepresentativa e a urgência da livre expressão se

---

13 D.L. Morgan, entrevista concedida em Paris, 4 jun. 2011.

FIGURA 44: *Vencedores da Copa do Mundo de Slam 2011 Paris, França.
A partir da esquerda, David Gouldreault (vencedor), Chris Tsé (vice-campeão) e
Roberta Estrela D'Alva (terceira colocada). Foto: Arquivo Roberta Estrela D'Alva.*

integraram, resultando em uma bombástica performance poética. Como todas as formas artísticas (e esportivas!), o *poetry slam* também é passível de críticas e discordâncias em vários de seus aspectos, mas, diante da integridade e paixão com que esses poetas escancaram seus egos, suas personalidades, suas opiniões, suas crenças e suas vidas, não se pode ignorar a realidade de um poderoso momento de comunicação poética que acontece no momento de suas performances. Essa força poética se torna ainda mais evidente em um evento como a Copa do Mundo de Slam. A junção de poetas de dezesseis países, com línguas, referências e visões de mundo distintas, formou uma comunidade, uma "zona autônoma temporária", em que a troca de experiências e a comunicação fluía criativa e efervescentemente para um só ponto de convergência: o encontro e a convivência entre as diferenças que o *slam* proporciona.

Isso não é diferente em São Paulo, onde acontece o ZAP! Zona Autônoma da Palavra, o primeiro *slam*[14] do Brasil, realizado pelo Núcleo Bartolomeu de Depoimentos. Localizado no bairro da Pompeia, desde o ano de 2008 recebe poetas, interessados em

14 A cena do *slam* vem aumentando gradativamento no Brasil: em São Paulo, além do ZAP!, são realizados o Slam da Guilhermina, Menor Slam do Mundo, Slam do 13, Slam do Grito, Slam do Corre, Haicai Combat, Atibaia Slam Clube, Slam do Corpo e o Rachão Poético; em Bauru, o Slam Bauru; no Rio de Janeiro, o Slam do Tagarela e o Rio Poetry Slam; em Goiânia, o Slam do Livramento; e em Belo Horizonte, o Slam Clube da Luta.

FIGURA 45: *Poeta Ge Ladera participa do* ZAP!, *o primeiro* slam *brasileiro.*
Foto: Leonardo Mussi

poesia e curiosos de todos os pontos da cidade que se reúnem às
segundas e às quintas-feiras do mês para celebrar a poesia falada.
A diferença de estilos, discursos, idades é característica marcante, e numa noite podem-se ter, juntos, disputando o mesmo
slam, estudantes adolescentes, professores, atores, profissionais
liberais, MCs, jornalistas, donas de casa, dançarinos, vendedores
ambulantes, todos reunidos em torno de um único microfone,
fazendo uso da liberdade de expressão de suas ideias (o que nem
sempre foi possível num país onde houve ditadura militar como
o Brasil – nunca é demais lembrar). Não há como negar o caráter
inclusivo e libertário dos encontros de *poetry slam* que oferecem
zonas de diálogo, atrito e conflito e são:

batalhas de inteligência e argumentação, [...] propositadamente espetaculares, mostradas como oportunidades para a formação, educação,
entretenimento, expressões intelectual e artística da comunidade. A
dissidência, a dissonância e a diferença não são punidas, mas estuda-
das, tornadas performance, executadas e desafiadas de maneira discur-
sivamente produtiva"[15].

O *slam* é feito pelas e para as pessoas. Pessoas que, apro-
priando-se de um lugar que é seu por direito, comparecem em

15 M. Damon, Was That "Different", "Dissident" or "Dissonant"? Poetry (n) the
    Public Spear: Slams, Open Readings and Dissident Traditions, em C. Berns-
    tein (ed.), *Close Listening*, p. 334.

frente a um microfone para dizer quem são, de onde vieram e qual o mundo em que acreditam (ou não).

É um espaço para que o sagrado direito à liberdade de expressão, o livre pensamento e o diálogo entre as diferenças sejam exercitados. Um espaço autônomo onde é celebrada a palavra, a fala e algo ainda mais fundamental num mundo como o que vivemos: a escuta.

VAI TE CATAR! O ATOR-MC E A RADICALIZAÇÃO DA EXPERIÊNCIA COM A PALAVRA

O universo do *poetry slams* e do *spoken word* é um terreno fértil para as experimentações do ator-MC, principalmente no que diz respeito à utilização da palavra, da voz e de todos os aspectos ligados à oralidade. Esse universo vem sendo cada vez mais trabalhado dentro de linguagens como a música, o cinema e o teatro e no Núcleo Bartolomeu encontrou ressonância não só na realização do ZAP!, o primeiro *poetry slam* brasileiro, mas pela sua incorporação em um de seus projetos.

No ano de 2007, após um intenso processo de pesquisa que resultou em seu terceiro espetáculo *Frátria Amada Brasil*, o

FIGURAS 46 e 47: *Espetáculos integrantes do projeto 5x4 Particularidades Coletivas. À esquerda,* Manifesto de Passagem: 12 Passos em Direção à Luz. *Foto: Zaida Siqueira. À direita,* Cindi Hip-Hop: Pequena Ópera-Rap. *Foto: Pablo Peinado*

Núcleo Bartolomeu de Depoimentos, então contemplado pelo Programa de Fomento ao Teatro para a cidade de São Paulo, deu início ao projeto *5x4 Particularidades Coletivas*, que tinha como premissa a realização de cinco espetáculos paralelos, nos quais alguns elementos específicos da pesquisa da linguagem do teatro hip-hop teriam um aprofundamento em seu estudo. Cada um dos quatro diretores artísticos do núcleo encabeçou um projeto individualmente, além de realizarem um projeto coletivo, em que todos participaram com diferentes funções. O projeto resultou nos seguintes espetáculos:

Encontros Notáveis, projeto de Eugênio Lima que experimentou o formato de *jam* teatral, experimentação do improviso cênico interagindo com atores, videodepoimentos e músicos; *3x3: 3 DJs em Busca de um Vinil Perdido*, projeto de Luaa Gabanini que trazia DJs-atores em cena, contando a história do hip-hop por meio de seus toca discos; *Manifesto de Passagem: 12 Passos em Direção à Luz*, projeto de Claudia Schapira, que investigou a linguagem do "sample dramatúrgico" e da poesia falada para narrar os últimos dias de vida do poeta Fernando Pessoa; *Cindi Hip-Hop, Pequena Ópera Rap*, projeto coletivo segundo o qual a linguagem e treinamento do teatro hip-hop seria transmitida a um núcleo de atores mais jovens, nele, propunha-se

FIGURAS 48 e 49: *Espetáculos integrantes do projeto 5x4 Particularidades Coletivas. À esquerda, 3x3: 3 DJs em Busca de um Vinil Perdido (detalhe). Foto: Zeca Caldeira. À direita,* Encontros Notáveis. *Foto: Arquivo Núcleo Bartolomeu.*

ainda uma espécie de laboratório para uma futura experiência de dimensões maiores com a linguagem da ópera; e o projeto *Vai Te Catar!*, idealizado por mim, que se propunha investigar a atuação do ator-MC tendo como ponto de partida a realização de um espetáculo integral de poesia falada, com referências do universo *spoken word* e dos *poetry slams*.

O espetáculo propunha a radicalização do processo autoral, onde o ator-MC foi responsável não só pela atuação, mas por toda a concepção e funções que envolviam a materialização de sua performance poética, tais como direção, direção musical, roteiro e dramaturgia. O projeto incluiu profissionais convidados que participaram comigo em outras funções exercidas todas em conjunto, por exemplo: criação do figurino, programação visual, iluminação, produção musical e consultoria artística.

Acredito que alguns passos da criação e confecção do tecido de *Vai Te Catar!*, assim como suas resultantes cênicas, possam ser utilizados para uma análise da performance poética do ator-MC como ator-criador em todas as etapas de um processo criativo. No que diz respeito à performance, termo que entendemos no sentido de Zumthor como "virtualmente um ato teatral, em que se integram todos os elementos visuais, auditivos e táteis que constituem a presença de um corpo e as circunstâncias na quais ele existe"[16], este espetáculo trouxe inúmeras possibilidades de experimentações estéticas e estilísticas, de relação com o texto, permitindo que várias facetas do ator-MC pudessem ser apresentadas.

O espetáculo partia da seguinte proposição:

No palco vemos um grande tapete.
Sobre ele uma poltrona.
Sobre a poltrona uma atriz, que, "zapeando" entediada, assiste televisão como se estivesse ali há dias.
Outras televisões mostram ao público o que ela está assistindo.
ZAP! Mudança de canal:
Culinária para donas de casa.
ZAP! Mudança de canal:
Filme de Ação.
ZAP! Mudança de canal:
Telejornal.

16 P. Zumthor, *Escritura e Nomadismo*, p. 67.

ZAP! Programa infantil, ZAP! Telenovela, ZAP! Culto evangélico, ZAP! Jogo de futebol.

ZAP! ZAP! ZAP!

"Zapping" de programas, que vai se tornando cada vez mais frenético. Uma imagem completa a outra. Uma palavra de cada programa que justapostas formam frases.

Você? ZAP! Sabe? ZAP! Quem? ZAP! É? ZAP! Você? ZAP!

Você sabe quem é você?

Um *thriller* pavoroso que sampleia programas tenebrosos!

As frases encadeadas tornam cada vez mais insuportável e angustiante a permanência em frente ao aparelho.

Essa vertigem também vai sendo expressa pela movimentação da atriz, até chegar a um ápice.

ZZZZZZZZZZAAAAAAAAAAAPPPPPPPPP!

Tudo se apaga.

Abre-se um portal no tempo-espaço. Uma imagem vem surgindo no monitor, intensificando-se cada vez mais em brilho e cor. Aos poucos vê-se a figura de uma senhora, muito idosa, muito enrugadinha.Ela remete a uma imagem de uma velha curandeira, uma xamã, uma preta velha, uma velha lavadeira, uma retirante, ou até mesmo de uma simples avó. Lentamente a atriz se aproxima da tela. Uma bela música invade a cena. (Tempo, ouve música "levantando-a" com a mão.) Um lindo encontro. O olhar daquela senhora é penetrante e acolhedor e... parece que ela vai dizer algo. Finalmente uma resposta! Finalmente uma explicação! Finalmente um sinal divino! Finalmente sábias palavras! E, disposta a ajudá-la a se encontrar, a doce senhora entoa do fundo do seu ser:

– VAI TE CATAR!!!!! AHHHHHHH!!!!!

Um vendaval se instaura na sala ao som "Bebop", de Charlie Parker. Movimentação da atriz como se suas partes tivessem sido pulverizadas e ela tivesse que reuni-las novamente. CATA! CATA! CATA! CATA! CATA! CATA!

Em todos os cantos do palco. Cata em cima, cata em baixo. Cata, cata no público até chegar ao grande tapete que estava ali o tempo todo.

É o "Grande Tapete da Memória". Embaixo dele sujeiras, estilhaços de histórias, fantasias, fragmentos de vidas, lascas de mágoas, pó de esquecimento, fios de recordações.

Pedaços de cacos quebrados que, reunidos e colados novamente, dão forma a uma nova peça. O público, que inevitavelmente traz seus caquinhos consigo, é convocado a participar, completando as partes que faltam.

Começa a catança!

Inicialmente essa era apenas uma sinopse indicativa e um roteiro de ações, uma grande rubrica que apresentava os elementos iniciais da encenação, que de fato existiriam (a poltrona, o

FIGURA 50: *Roberta Estrela D'Alva em cena do espetáculo* Vai Te Catar! *Foto: Serguei.*

tapete, bem como as televisões com as imagens propostas pelo texto). Numa primeira leitura pública, feita sob um foco de luz, contando apenas com um microfone e um pedestal, a linguagem e estética do espetáculo se revelou. No intuito de fazer com que as imagens propostas se tornassem "visíveis" ao público, o texto foi lido com engajamento imaginativo, que, impregnado nas palavras em forma de gestualidade sonora, evocava as imagens propostas, trazendo, após o término da leitura, a certeza de que não seria necessário nenhum elemento cênico para encená-lo. À maneira dos *slams*, em seu formato mais reconhecido mundialmente, onde na maior parte das vezes nenhum recurso fora a voz, o corpo e o microfone é utilizado na performance, a cena e o espetáculo encontraram sua vocação (com exceção de algumas cenas em que foram usados trechos musicais). Ainda na primeira leitura, na medida em que outros textos (poemas, raps, histórias, crônicas e devaneios) eram lidos, ficava claro que o espetáculo não se desenrolaria em uma ação dramática com conflitos entre personagens e uma fábula didaticamente amarrada com começo, meio e fim, mas, antes, uma série de pequenos poemas, depoimentos, prosas-poéticas independentes, verdadeiros "cacos" e samples de história que, colocados em relação em um mesmo contexto, iriam criar suas próprias conexões e ligações subjetivas.

Essas ligações se deram e foram "arrematadas" com a entrada de uma narradora. A partir de um material, gravado com minha avó Rosa, de 92 anos, contando histórias da sua vida, memórias e aventuras, foram sampleados trechos de áudio que, inseridos entre as cenas, tornaram aquela voz a condutora do público, alinhavando toda a narrativa.

Desde o início o projeto demonstrava que o principal ponto de concentração de estudo para realizá-lo seria criar situações performáticas, corporais e vocais que dessem conta de criar os imaginários propostos pelos textos, utilizando-se de um mínimo de elementos cênicos, tais como cenários, figurinos, deslocamentos pelo espaço. Isso se limitou ainda mais com a chegada de um minipalco de 1,30m x 1,30m, proposta do artista Daniel Lima, que delimitava o espaço, reduzindo-o a um "recorte de palco", onde se passava toda a narrativa. Com a restrição à movimentação e o uso de pouquíssimos recursos, o passo seguinte passou a ser estudar a voz, as palavras, e a gestualidade (com treinamentos corporais com o método *Feldekrais*, yoga, *house dance* e aulas de balé) teve papel fundamental na preparação desse texto completamente autoral (na medida em que se pode sê-lo, pois nenhum texto o é completamente e considerando-se o grande tecido da cultura e o grande arcabouço memorial de que todos fazemos parte e que faz parte de nós individualmente). Iniciou-se o trabalho com os textos, alguns já criados e outros que foram surgindo. Lidou-se com palavras como matéria concreta: volume, velocidade, métrica, rítmica, prosódia, e demais aspectos formais começaram a ser trabalhados. A "forma", que é aqui entendida como na abordagem de Paul Zumthor feita numa das passagens mais belas de seu *Performance, Recepção, Leitura*, momento em que se refere ao estudioso da literatura Max Luthi, Zumthor narra um episódio de sua infância em Paris, no qual relembra um cantor de rua e todo o contexto no qual ele estava envolvido. Da canção entoada pelo cantor fazia parte todo o universo de sons, cheiros, sensações e texturas que se encontravam ao seu redor. Dessa lembrança se deu a percepção:

O que eu tinha percebido, sem ter a possibilidade intelectual de analisar era, no sentido pleno da palavra, uma "forma": não fixa nem estável, uma *forma-força*, um dinamismo formalizado: uma forma finalizadora

[...] a forma não é regida pela regra, ela *é* a regra. Uma regra a todo instante recriada, existindo apenas na paixão do homem que, a todo instante, adere a ela, num encontro luminoso.[17]

A forma também é a regra na performance do ator-MC, já que esta faz parte de sua voz e a determina. A materialidade dessa voz é presentificada ao vivo, e a força da performance faz parte de seu corpo vocal. É Zumthor também que apresenta o conceito de "vocalidade" como a "historicidade da voz": seu uso, o "aspecto corporal" do texto, que diz respeito a uma imersão vocal no universo da cultura e a voz em relação direta com o receptor[18].

Em *Vai Te Catar!* as possibilidades de usos da voz foram ampliadas por alguns aparatos técnicos, como um pedal sequenciador, um processador de efeitos e um *sampler* MPC, que permitiam a gravação, a alteração de timbre e textura da voz, e o armazenamento e reprodução de trechos vocais e musicais. A presença da voz viva misturava-se a trechos de vozes do passado, atualizando-o e numa invasão do presente, construíam um novo tecido memorial. Logo no início do espetáculo, após os primeiros textos, a luz se apagava e no escuro absoluto um trecho musical feito de samples irrompia nas caixas. A partir de discos de vinil, foram selecionados trechos de gravações da música *pop*, lançadas entre os anos de 1981 a 1991. Foram usados cerca de 150 LPs, em vez de arquivos MP3 baixados via internet. A opção por usar discos de vinil no processo de montagem trazia um contato visual e tátil com o objeto, com seu cheiro, com os encartes, as capas com artistas vestidos com as roupas da época e inscrições a caneta como "esse disco é da..." ou corações desenhados ao lado de cantores-galãs. Toda a memória trazida por esse contato teve influência direta em textos e cenas do espetáculo. Além disso, o uso de discos com qualidades de gravação diferentes, muito irregulares entre si e não homogenizadas como num arquivo digital, também criava um efeito interessante de textura sonora. Durante quatro noites, num processo artesanal, foram extraídos mais de duas horas de material, que foram sendo reduzidas até ficarem com pouco mais de dois

17 P. Zumthor, *Performance, Recepção e Leitura*, p. 29.
18 Idem, *A Letra e a Voz*, p. 21.

minutos. Os samples encadeados funcionavam como chaves de portais memoriais comuns e, através da produção da indústria fonográfica de uma época, todo um período histórico era rememorado e revivido. O público, no escuro, embalado por fragmentos de memórias, sem referências visuais, respondia aos cortes rápidos, encadeados sem pausas, com comentários sonoros, risos, interjeições.

O objetivo era abrir um portal temporal, preparando o público para a frequência do assunto da cena que viria a seguir. A colagem de samples era toda entrecortada por trechos de músicas da apresentadora Xuxa e terminava com um "diálogo" estabelecido pelo encadeamento alternado de "Arco-Íris", uma das músicas mais populares da apresentadora, e "Fim de Semana no Parque", dos Racionais MC's, resultando em um ácido comentário, não só pelo conteúdo de suas letras, mas pelo efeito provocado pelo contraste dos arranjos e timbres de vozes da apresentadora e dos rappers.

Em um corte, as luzes se acendiam e o público era trazido de volta ao presente pela frase: "Durante algum tempo da minha vida eu quis ser paquita", que era disparada imediatamente após a sequência musical. A partir de então se seguia um depoimento sobre as agrúrias e planos mirabolantes de uma menina negra nos anos de 1980, cujo o sonho era ser ajudante de palco da apresentadora Xuxa. A história servia como pano de fundo para assuntos como o racismo, a desigualdade social e o controle da mídia sobre o universo infantil. O texto, entre a crônica e o depoimento, nos limites de uma fala espontânea e coloquial, foi todo metrificado, mas dito de uma forma em que essa metrificação era por vezes quase imperceptível, mas presentificava musicalidade, teatralidade e ritmo, contribuindo para um estranhamento que não o deixava se transformar em um lamento psicológico.

Entrar em uma narrativa psicológica, autorreferente em demasia, era um risco, já que se tratava de um espetáculo autobiográfico onde a matéria-prima do tecido narrativo era a minha própria vida. Por isso, todo o material levantado foi todo elaborado buscando elementos que trouxessem estranhamento e teatralidade, buscando formas inusitadas a um conteúdo já tão introjetado, "trabalhando a matéria-prima da experiência", não só a minha como a "dos outros, transformando-a num produto sólido, útil e único", como assinala Walter Benjamin[19].

Como resultado, *Vai Te Catar!*, que teve como foco de sua pesquisa principalmente os aspectos da poesia oral, se apresentou como uma experiência nos limites entre o teatro e a performance, mas ainda teatro já que "no encadeamento das formas" alcança-se "os confins onde a poesia oral torna-se teatro, totalização do espaço de um ato", e o teatro como "resultado de uma intenção integrada à poesia oral desde sua canção primeira" está presente em cada performance, "todo virtualidade, prestes a ali se realizar"[20]. A íntima ligação entre performance, poesia oral e o teatro se estabeleceu, conforme é da natureza dessas manifestações, como considera Zumthor:

"Polifonia de informação", como dizia Roland Barthes, o teatro aparece, de modo complexo mas sempre preponderante, como uma escritura do corpo: integrando a voz portadora da linguagem a um grafismo traçado pela presença de um ser, em todo a intensidade do que o torna humano. Nisto, ele constitui o modelo absoluto de toda poesia oral.[21]

Portanto *Vai Te Catar!* se configurou como uma experiência do ator-MC nos limites da performance, do show, da intervenção, mas sempre em profunda relação com a raiz que a criou, ou seja, o teatro hip-hop, e, em última instância, o teatro: "O termo e a ideia de *performance* tendem (em todo caso no uso anglo-saxão) a cobrir toda uma espécie de teatralidade: aí está um sinal. Toda 'literatura' não é fundamentalmente teatro?"[22].

19 W. Benjamin, *Magia e Técnica, Arte e Política*, p. 221.
20 P. Zumthor, *Introdução à Poesia Oral*, p. 216.
21 Ibidem, p. 58.
22 Idem, *Performance, Recepção e Leitura*, p. 18.

O hip-hop surgiu de um momento de opressão cultural e geografia particulares, era uma resposta a um sistema de classes, um sistema político. Eles não acordaram um dia no Bronx e disseram: "Oh, vamos fazer hip-hop". Nós estamos achando que porque se falou em "teatro hip-hop" podemos, de repente entrar em instituições que, até ontem, não podíamos entrar, esse é o ponto? Em termos de treinamento ou técnicas você tem que aprender como cantar rap ou dançar break? Ou o que você tem que fazer é aprender como aprimorar sua visão sobre o que é teatro, e que ele pode até não ser uma peça? Eu acho que temos que continuar voltando para as distinções. Eu acho que nós precisamos continuar a expressar-nos […]. Temos que pensar sobre hip-hop em termos de seus aspectos rituais e sua função cultural.[1]

DANIEL BANKS, *Bling or Revolution.*

---

1   "Hip-Hop came out of a particular moment of cultural oppression and geography; it was a response to a class system, a political system. It wasn't like they woke up in the Bronx one day and said, "Oh, let's do hip-hop". Do we just think that because someone has called it 'hip-hop theatre' we are, therefore, suddenly able to get into institutions that we recently couldn't get into – is that the point? In terms of training or techniques, do you have to learn how to rap or how to break? Or do you have to learn how to hone your vision of what theatre is, which may not be a play? I think we have to keep coming back to the distinctions. I think we need to continue to express ourselves […]. We have to think about hip-hop in terms of ritual aspects and cultural function."

FIGURA 51:*Ricardo Leite, Cristiano Meirelles, Roberta Estrela D'Alva, Luaa Gabanini em cena do espetáculo* Orfeu Mestiço: Uma Hip-Hópera Brasileira. *Foto: Zaida Siqueira.*

O encontro do teatro com a cultura hip-hop, que deu origem ao teatro hip-hop e ao ator-MC, foi auspicioso desde seu início. Os elementos do hip-hop serviram "como uma luva" aos propósitos estéticos na busca por uma "nova" teatralidade, e, num processo orgânico, por vezes doloroso, e com diversos momentos de aporia, a linguagem se fez.

Talvez a sincronicidade desse encontro tenha se dado por causa da similaridade das origens das linguagens em questão: a representação como força de sobrevivência do homem nos ritos primitivos que deram origem ao teatro e também a festa, um dos ritos remanescentes em nosso tempo e que, por sua vez, deu origem ao hip-hop. Talvez no irmanamento da função social do ator-narrador, proposto pelo teatro épico, e do MC, pelo hip-hop. Algo é certo: tanto o teatro épico quanto o hip-hop propõem uma arte ligada à necessidade concreta, real e urgente de expressão, e uma contracena com o tempo em que se vive. São manifestações criadas, em primeira instância, por cidadãos e no cenário urbano das cidades onde suas linguagens foram forjadas, em suas contradições e dialéticas, e que, diretamente ligadas à luta de classes e ao posicionamento de indivíduos marginalizados ou excluídos, trouxeram novas formas estéticas, portanto políticas, de se fazer arte.

Nesse caminho, o ator-MC cumpre um ciclo histórico, o papel de porta-voz de uma nova linguagem, criando possibilidades de expressão ao mesmo tempo que é criado por elas. Este trabalho se limitou a fazer uma análise sobre pontos que dizem respeito aos primórdios da criação desse intérprete, como o surgimento da cultura hip-hop e seus princípios fundantes e sua performance poética desde o primeiro espetáculo do núcleo, *Bartolomeu, Que Será Que Nele Deu?*, onde ainda era potência de realização, passando por *Acordei Que Sonhava*, momento de seu florescimento, chegando a outras experiências que se encontram entre a fronteira do teatro, da performance e da intervenção, como o espetáculos *Futebol* e *Vai Te Catar!*. Em todos os casos, os resultados mostraram que há uma especificidade de linguagem visível na atuação ator-MC e de como ele é uma peça-chave na composição estética e ideológica desses espetáculos.

O teatro hip-hop se firmou de tal maneira como linguagem, que começou a se tornar possível expandir sua metodologia para além do âmbito do Núcleo Bartolomeu e do ambiente do teatro hip-hop. Ela foi aplicada pela primeira vez[2] em 2012 por integrantes do núcleo em uma turma de alunos da Escola de Artes Dramáticas da Universidade de São Paulo na montagem de *Mockinpó: Estudo Sobre um Homem Comum*, versão do texto do dramaturgo alemão Peter Weiss, *De Como é Extirpado o Sofrimento do Senhor Mockinpot*. O resultado foi a comprovação da solidez da pesquisa do Núcleo Bartolomeu e da existência de uma metodologia replicável, com resultados estéticos efetivos e uma linguagem claramente identificável.

A linguagem avançou em seus procedimentos e os elementos do hip-hop já se encontram tão amalgamados ao teatro em uma estética criada que há quem se surpreenda ao assistir um espetáculo do Núcleo Bartolomeu e não encontrar a figura de *b-boys* dançando ou grafites pendurados como cenário. O conceito de ator-MC se ampliou e em um dos últimos espetáculos do Núcleo Bartolomeu, *Orfeu Mestiço: Uma Hip-Hópera Brasileira*, ele se radicalizou em diversos procedimentos. Um exemplo disso é o MC-*griot*-corifeu, personagem curinga que se apresenta como um narrador que permeia toda a encenação, ora alinhavando a trajetória incorporando personagens, ora criando interrupções, ora fazendo o papel do mestre de cerimônias no sentido estrito da palavra, como aquele que conduz, apresenta a cerimônia direcionando a ação e o olhar do público e conduzindo a narrativa.

Na sua música-tema de abertura, o texto de Claudia Schapira apresenta essa personagem-síntese, numa metáfora do próprio ator-MC, revelando a sua "carta de intenções":

> MC contadeiro falador
> O que diz o que fala
> Metrador
> Trovadeiro explicadeiro orador
> O que conta o que inventa explanador
> *Griot* repentista assuntador
> Transmisseiro boca-aberta
> *rhétoriqueur*
> O que fala o que emite apresentador

2 No ano de 2004, com a linguagem ainda em formação, uma experiência preliminar foi realizada por mim e Claudia Schapira no Núcleo de Teatro de Rua da Escola Livre de Teatro (ELT) de Santo André que resultou no espetáculo *A Saga do Menino Falcão*.

> *Sou eu sou eu*
> Boca ao mundo emissor
> Romanceiro Trovador
> Bocasom rimador
> Bocaverso embolador
> Resumideiro assuntadeiro linguador
> Bocalíngua bocacanto glossador
> Palavreiro narradeiro narrador
> Palavreante argumenteiro relator
> Vocalista menestrel recitador
> Cantante cantadeiro enumerador
> Poetrante instrumenteiro coplador
> Quem recebe animadeiro zombador
> Poeta, coplista entoador
> *Sou eu sou eu*
> Poetastro soador
> Bisbilhoteiro explicador
> Lírico prescruteiro
> Língua ao mundo língua solta cantador.[3]

Com essa apresentação e feito o "acordo" com o público, que aceita ser guiado por essa personagem, o MC-*griot*-corifeu começa a sua trajetória, e, como o espaço cênico se trata de um congá, vai servindo de interface para as diversas entidades que pairam no terreiro eletrônico. Ora dando voz a um guerrilheiro do Araguaia, ora se transformando em uma cangaceira do bando de Lampião, incorporando um Exú, ou um cantor da época dos grandes festivais; essa personagem materializa a voz aos discursos necessários para que a narrativa se desenrole. Também funciona como elemento "tensionador" e "destensionador" das cenas, imprimindo ritmo ou quebrando o estabelecido; e como "comentarista", que traz muitas vezes de maneira crítica o discurso do próprio Núcleo Bartolomeu.

O depoimento e a autorrepresentação, fundamentais na performance poética do ator-MC, permearam todo o processo criativo dessa personagem, que por poder entrar e sair da fábula, interrompê-la ou fazê-la correr, contou com muita liberdade de estilos e brincou com diversos planos e camadas de atuação.

O ator-MC agregou tantos elementos e procedimentos em sua performance poética, e eles foram tão incorporados, que

---

3   C. Schapira, *Orfeu Mestiço*.

FIGURA 51: *Luaa Gabanini e Roberta Estrela D'Alva,* em Orfeu Mestiço: Uma Hip-Hópera Brasileira. *Foto: Tati Brandão.*

FIGURA 52: *Luaa Gabanini, Eugênio Lima e Roberta Estrela D'Alva, em cena do espetáculo* Antígona Recortada: (Cantos Que Contam Sobre) Pousospássaros. *Foto: André Murrer.*

hoje é possível que ela aconteça sem haver necessariamente elementos que em outros momentos seriam fundamentais, como a presença de um DJ ou até mesmo de microfone. É o que acontece em *Orfeu Mestiço* com a cena "Intermezzo I: Ou te Mato ou te Quero", quando eu e a atriz Luaa Gabanini narramos todo o texto na boca de cena usando apenas como recurso a modulação do corpo e a voz. São usadas repetições, alternância de timbres e volumes, pausas e espelhamento das vozes. A ação é toda entrecortada com quebras épicas de interpretação em que entramos e saímos da personagem, revelando o procedimento da atuação.

Após *Orfeu Mestiço*, foi realizado o espetáculo *Antígona Recortada*, em uma radicalização ainda maior da linguagem do *spoken word* e em uma encenação minimalista com apenas duas atrizes e um DJ em cena, em que os limites da performance e do teatro foram ainda mais estreitados.

No dia 19 de setembro de 2014, estreou *BadeRna*, solo da atriz Luaa Gabanini e última produção do Núcleo até o fechamento da edição deste livro. Um espetáculo-intervenção encenado na sede da companhia que, ameaçada de despejo pela especulação imobiliária que assola a cidade de São Paulo, propôs uma intervenção coletiva e teve o seu espaço interno fisicamente destruído até ficar em ruínas, transformando-se assim em uma instalação-cenário feita em protesto e repúdio ao desaparecimento de mais um espaço cultural. Sincronicamente, no mesmo mês de estreia desse espetáculo-depoimento, o Núcleo Bartolomeu e mais 21 grupos da cidade foram reconhecidos como patrimônio imaterial pelo Conselho Municipal de Preservação do Patrimônio Histórico, Cultural e Ambiental da Cidade de São Paulo (Conpresp), importante passo rumo a seu tombamento e à definitiva proteção de seu território artístico-cultural.

Foi onde chegamos até então, em diálogo com o "tempo que nos tocou viver" e na incessante busca por um alinhamento entre ética e estética, política e poética. Hoje o teatro hip-hop já é uma linguagem reconhecida e amadurecida. Assim como o ator-MC, que tendo passado por mais de uma década de diversas experiências, sempre de posse do depoimento e da autorrepresentação, com melhor preparo técnico e, portanto, com maior liberdade, começa a explorar novos caminhos, na certeza de que muitos ainda estão por vir.

Anexo

FICHAS TÉCNICAS DOS ESPETÁCULOS
DO NÚCLEO BARTOLOMEU DE DEPOIMENTOS

BadeRna

Estreou em 19 set. 2014 na sede do Núcleo Bartolomeu de Depoimentos – Pompeia, São Paulo.

Concepção Geral: Luaa Gabanini
Direção: Roberta Estrela D'Alva
Atriz-Dançarina: Luaa Gabanini
Direção de Arte: Bianca Turner
Poemas de Ação Dramática: Claudia Schapira e Luaa Gabanini
Direção Musical: Eugênio Lima
Assistentes de Direção: Juliana Tedeschi e Paulo Vinicius
Percussão: Alan Gonçalves e Daniel Laino
Figurino: Claudia Schapira
Costureira: Cleuza Barbosa
Desenho de Luz: Carol Autran
Maquiagem: Maria Fernanda Torrezani
Visagismo : Cabelaria
Técnico de Som: Dr. Aeiulton
Fotos: Azul Serra
Programação Visual: Sato e Murilo Thaveira (casadalapa)

Assistente de Arte Gráfica: Renoir Santos
Desenho de Voz: Andrea Drigo
Treinamento de Spoken Word: Roberta Estrela D'Alva
Pilates: Bel Rojas
Gravação de Voz: Pedro Zurawski
Provocador: Luis Arrieta
Consultorias Artísticas: Gisele Bellot (Ballet Clássico), Flip Couto
    (Dança de Rua), Cristiano Meirelles (Danças Populares)
Assessoria de Imprensa: Sylvio Novelli
Produção: Núcleo Bartolomeu de Depoimentos
Produção Executiva: Luaa Gabanini, Mariza Dantas e Amilton de
    Azevedo.
Admnistração Financeira: Mariza Dantas.

Antígona Recortada: (Cantos Que Contam Sobre) Pousopássaros

Estreou em 1º nov. 2013 na sede do Núcleo Bartolomeu de Depoimentos – Pompeia, São Paulo. Prêmio Governador do Estado 2014, categoria Teatro.

Concepção Geral: Núcleo Bartolomeu de Depoimentos
Dramaturgia e Direção: Claudia Schapira
Atrizes-MCs: Luaa Gabanini e Roberta Estrela D'Alva
Direção Musical e DJ: Eugênio Lima
Direção de Movimento: Luaa Gabanini
Treinamento de Voz e Spoken Word: Roberta Estrela D'Alva
Direção de Arte: Claudia Schapira e Bianca Turner
Assistente de Direção de Arte: Éder Lopes
Cenotécnico: Wanderley Silva
Figurino: Claudia Schapira
Maquiagem: Maria Fernanda Torrezani
Costureira: Cleuza Barbosa
Desenho e Operação de Luz: Carolina Autran
Desenho de Som: Eugênio Lima
Programação Visual: Sato e Murilo Thaveira (casadalapa)
Fotos: Peetsa
Assessoria de Imprensa: Sylvio Novelli
Consultorias Temáticas: Andrea Drigo, Bernardo Lynch de Gregório, Monika Bernardes, Renato Martins
Direção de Produção: Carla Estefan
Assistentes de Produção: Ariane Cuminale e Isabel Soares
Bilheteria: Viviane Palandi
Administração: Mariza Almeida

Orfeu Mestiço: Uma Hip-Hópera Brasileira

Estreou em 28 out. 2011 na sede do Núcleo Bartolomeu de Depoimentos – Pompeia, São Paulo. Prêmio Cooperativa Paulista de Teatro 2012 de Melhor Projeto Sonoro; Roberta Estrela D'Alva, Melhor Atriz, Prêmio Shell 2012. Projeto contemplado por duas edições do Programa Municipal de Fomento ao Teatro Para a Cidade de São Paulo.

Texto e Direção: Claudia Schapira
Direção Musical: Eugênio Lima e Roberta Estrela D'Alva
Direção de Movimento e Coreografias: Luaa Gabanini
Atores-MCs: Cristiano Meireles (Orfeu Jovem), Daniele Evelise (Eurídice, Celestina), Eugênio Lima (Orfeu), Luaa Gabanini (Maria Alice, Mãe do Dops, Dançarina – Corifeia), Ricardo Leite (Coronel, Padre Léo, Chefe do Dops, General), Roberta Estrela D'Alva (MC-Griot-Corifeu)
Músicos-Ogãs: Alan Gonçalves, Cássio Martins, Eugênio Lima e grupo Treme Terra: Bruna Braga, Bruna Maria, Daniel Laino, Giovane Di Ganzá, João Nascimento e Lígia Nicacio
Substitutos Músicos-Ogãs: Carla Raiza, Janaína Silva, Pipo Pegoraro, Juliana Carvalho, Antônio Malavoglia, Bárbara Malavoglia
Músicas: Criação Coletiva.
Letras: Claudia Schapira
Participações Especiais (Vídeo): Danilo Grangheia (a Mídia), Luís Mármora (Padre Velho), Marco Antônio Rodrigues (Voz *off* "convocatória"), Luciano Chirolli
Assistente de Direção: Éder Lopes
Preparação Corporal: Luaa Gabanini
Preparação Vocal: Andrea Drigo (1ª fase), Roberta Estrela D'Alva (2ª fase)
Cenografia: Daniela Thomas (Homenagem a Raul Belém Machado e seu cenário para a peça *Baal* de 1973)
Assistentes de Cenografia: Bianca Turner, Mari Alves Pinto, Stella Tennenbaum
Produção de Arte: Bianca Turner
Figurinos: Claudia Schapira
Costureira: Cleuza Amaro Barbosa da Silva
Vídeo: Tatiana Lohmann e ZoomB Laboratório Audiovisual
Operadora de Vídeo: Catarina Assef, Astronauta Mecânico
Consultoria de Vídeo: Luiz Duva
Desenho de Luz: Francisco Turbiani (sob orientação de Cibele Forjaz)
Operadores de Luz: Francisco Turbiani
Assistente de Luz: Carolina Autran
Desenho de Som: Eugênio Lima
Engenheiros de Som: Eugênio Lima e Pipo Pegoraro

Assistente de Engenharia de Som: Alan Gonçalvez
Direção de Produção: Iramaia Gongora
Produção Executiva: Fernanda Rodrigues
Comunicação: Maitê Freitas
Programação Visual: Sato (casadalapa)
Revisão de Textos do Programa: Marcos Gimenes
Fotografia: Tide Gugliano, Bianca Turner, Tathy Yazigi
Assessoria de Imprensa: Sylvio Novelli
Administração Núcleo Bartolomeu (Sede): Mariza Almeida
Elenco do Experimento Cênico "Criadores de Mundo": Jé Oliveira, Dani Nega, Ícaro Rodrigues, Rafael Garcia, Roberta Marcolin.
Estudos e Treinamentos: Alexandre Paulain (*Ashtanga Yoga*), Andrea Drigo (Ópera e Musicais / Canto Coral), Antonio Rogério Toscano (Dramaturgia Contemporânea), Bernardo Lynch de Gregório (Mitologia Grega), Carlos Eduardo Siqueira (Literatura Brasileira / Estudo Dramatúrgico), Cristiano Meirelles (Danças Brasileiras), Iná Camargo Costa, Maurinete Lima e Paulo Arantes (Estudos Sociológicos), Frank Ejara (Dança de Rua), Juliana Monteiro (Técnica de *Viewpoints*), Lú Brites (Estudos de Movimento), Majoí Gongora e Renato Martins (Estudos em Antropologia), Rodrigo Bonciani (História do Brasil), Thiago Antunes (Kempô), Cecília Gobeth (Método Feldenkrais)

Projeto 5x4 Particularidades Coletivas

Projeto composto por cinco espetáculos. Contemplado pelo Programa Municipal de Fomento ao Teatro Para a Cidade de São Paulo.

3x3: 3 DJs em Busca do Vinil Perdido

Estreou em 20 jun. 2008 no SESC-Avenida Paulista, São Paulo.

Direção: Luaa Gabanini
Assistente de Direção: Maia Gongora
Dramaturgia: Claudia Schapira
Djs-Atores-MCs: Eugênio Lima, Luaa Gabanini e Will Robson
Participação Especial no Vídeo: Mc Thaíde
Cenografia: Líbero
Concepção de Vídeo: Bijari
Música e Coreografia: Eugênio Lima, Luaa Gabanini e Will Robson
Coreografia Solo DJ 3 São Bento: Frank Ejara
Figurino: Claudia Schapira
Costureira: Cleuza Barbosa

Programação Visual: Sato (casadalapa)
Fotos: Zeca Caldeiras
Desenho de Luz: Guilherme Bonfantti
Operação de luz: Carol Autran
Programação Visual: Sato>casadalapa
Administração Núcleo (Sede): Mariana Goulart
Produção Executiva: Fernanda Veiga e Monica Lopes
Produção Administrativa e Geral: Núcleo Bartolomeu de Depoimentos da Cooperativa Paulista de Teatro

Encontros Notáveis

Estreou em 27 jun. 2008 no Sesc-Avenida Paulista, São Paulo.

Direção: Luaa Gabanini
Concepção e Atuação: Eugênio Lima
Atriz: Daniela Evelise
Dramaturgia: Claudia Schapira
Figurino: Claudia Schapira
Costureira: Cleuza Barbosa
Preparação Corporal: Cecília Gobeth
Músicos: Baixo: Cassio Martins/Lucas Martins; Violão e Guitarra: Daniel Oliva/Pipo Pegoraro; Percussão: João Nascimento e Fernando Alabê; Dj: Will Robson
Concepção de Vídeo e Entrevistas: Tatiana Lohmann
Personagens-Guia: Ana Vitória Vieira Monteiro, Maria do Carmo Fávero Gongora, Dinho Nascimento, Marli Aparecida Gabanini, Maurinete Correia Ferreira Lima, Raimundo Nonato do Nascimento
Desenho de Luz: Guilherme Bonfantti
Operação de Luz: Carolina Autran
Programação Visual: Sato>casadalapa
Administração Núcleo (Sede): Mariana Goulart
Produção Executiva: Fernanda Veiga e Monica Lopes
Produção Administrativa e Geral: Núcleo Bartolomeu de Depoimentos da Cooperativa Paulista de Teatro

Vai Te Catar!

Estreou em 11 jul. 2008, SESC-Avenida Paulista, São Paulo.

Concepção Geral, Textos, Direção Musical, Spoken Word: Roberta Estrela D'Alva

Operação de Som: Dani Nega
Preparação Corporal: Cecília Gobeth
Treinamento de Yoga: Alexandre Polain
Preparação Vocal: Andrea Drigo
Figurino: Alex Kazuo
Desenho de Luz: Marisa Bentivegna
Operação de Luz: Carol Autran
Gravação Vovó e Vídeo: Thomás Fujita
Gravação Aula de Ballet: Sérgio Roisenblitz
Participação Especial "Aula de Ballet": Flora Bellenzani
Produção Musical: Pipo Pegoraro e Roberta Estrela D'alva
Consultoria Artística: Daniel Lima
Programação Visual: Sato (casadalapa)
Desenhos: Cibele Lucena
Administração Núcleo (Sede): Mariana Goulart
Produção Executiva: Fernanda Veiga e Mônica Lopes
Produção e Administração Geral: Núcleo Bartolomeu de Depoimentos da Cooperativa Paulista de Teatro

Manifesto de Passagem: 12 Passos em Direção à Luz

Estreou em 18 jul. 2008 no SESC-Avenida Paulista, São Paulo.

Concepção Geral (Intersecção Poética): Claudia Schapira e Cristiane Paoli Quito
Direção: Cristiane Paoli Quito
Dramaturgia: Claudia Schapira
Assistente de Direção: Luciana Brites
Atrizes-MCs: Claudia Schapira e Luaa Gabanini
DJ e VJ: Luaa Gabanini
Preparação Corporal e Coreografia: Luciana Brites
Cenografia: Marisa Bentevegna
Vídeo (Concepção): Tatiana Lohmann
Composições e Produção Musical: Pipo Pegoraro
Consultoria Musical: Eugênio Lima
Figurino: Claudia Schapira
Costureira: Cleuza Barbosa
Desenho de Luz: Marisa Bentivegna
Operação de Luz : Carol Autran
Treinamento de spoken Word: Roberta Estrela D'alva
Treinamento de Yoga: Alexandre Polain
Acessoria Astrológica: Maria Alice Camargo
Programação Visual: Sato (casadalapa)

Administração Núcleo (Sede): Mariana Goulart
Produção Executiva: Fernanda Veiga e Monica Lopes
Produção Administrativa e Geral: Núcleo Bartolomeu de Depoimentos da Cooperativa Paulista de Teatro

Cindi Hip-Hop: Pequena Ópera Rap

Estreou em 1º ago. 2008 no SESC-Avenida Paulista, São Paulo. Prêmio Cooperativa de Teatro de Melhor Dramaturgia; Prêmio Femsa 2009, Melhor Espetáculo Jovem.

Direção: Roberta Estrela D'Alva
Dramaturgia: Claudia Schapira
Atores-MCs: Alan Gonçalves, Dani Nega, Daniela Evelise, Ícaro Rodrigues, Jé Oliveira, Raphael Garcia, Roberta Marcolin
Direção Musical: Roberta Estrela D'Alva
Músicas: Roberta Estrela D'Alva, Pipo Pergoraro, Claudia Schapira e elenco
Coreografias: Eugênio Lima, Roberta Estrela D'Alva e elenco
Espaço Cênico e Cenografia: Luiz Biasi e Sílvia Mokreys
Desenho de Luz: Camilo Bonfanti
Operação de Luz: Carol Autran
Figurino: Claudia Schapira
Costureira: Cleuza Barbosa
Vídeos e Fotos: Pablo Peinado
Preparação de Atores: Luaa Gabanini
Preparação Vocal: 1ª etapa, Isabel Seti; 2ª etapa, Roberta Estrela D'Alva
Assistente de Direção (Fase Final): Tábata Makowski
Programação Visual: Sato (casadalapa)
Administração Núcleo (Sede): Mariana Goulart
Produção Executiva: Fernanda Veiga e Monica Lopes
Produção Administrativa e Geral: Núcleo Bartolomeu de Depoimentos da Cooperativa Paulista de Teatro

Frátria Amada Brasil: Pequeno Compêndio de Lendas Urbanas

Estreou em 7 set. 2006 na sede do Núcleo Bartolomeu de Depoimentos – Pompeia, São Paulo. Prêmio Shell 2007 de Melhor Música.

Direção e Concepção Geral: Claudia Schapira

Assistentes de Direção: Luaa Gabanini e Roberta Estrela D'Alva
Dramaturgia: Claudia Schapira
Colaboração Dramatúrgica: elenco, samples de textos de Ana Vitoria Vieira Monteiro, Fernando Pessoa, Rudolf Steiner, Rogério Toscano
Atores-MCs: Bruna Paoli, Cláudia Schapira, Dani Nega, Eugênio Lima, Ícaro Rodrigues, Jé Oliveira, João Araújo, Luaa Gabanini, Marcela Maita, Raphael Garcia, Roberta Estrela D'Alva, Tatiana Lohmann, Thomas Miguez
Substituições: Daniela Evelise, Roberta Marcolin
Direção Musical: Eugênio Lima
Música: Eugênio Lima, Roberta Estrela D'Alva e elenco
Métricas: Roberta Estrela D'Alva
Direção e Concepção Coreográfica: Eugênio Lima
Colaboração Coreográfica: o elenco
Treinamento: Eugênio Lima, Luaa Gabanini e Roberta Estrela D'Alva.
Direção de Arte (Espaço Cênico e Cenografia): Júlio Dojcsar
Desenho de Luz: Miló Martins
Assistente de Iluminação: Gita Govinda
Figurino: Claudia Schapira
Costureira: Cleuza Barbosa
Assistente de Figurino: Silvana Marcondes
Adereços da Cena "Segundo Cartão Postal (Lotófagos)": Silvana Marcondes
Direção e Pesquisa de Vídeo: Tatiana Lohmann
Pesquisa de Vídeo (Assistente): Luaa Gabanini e Thomas Miguez
Programação Visual: Sato (casadalapa)
DJs: Eugênio Lima e Luaa Gabanini
Treinamentos: Pedro Moreno (Dança de Rua, Treinamento e Preparação Corporal), Mariana Maia (*Ashtanga Vinyasa Yoga*), João Nascimento (Percussão)
Workshops: Georgette Fadel (Interpretação), André Pires (*House Dance*), Raquel Trindade e grupo Solano Trindade (Dança dos Orixás)
Pesquisa e Estudos: Bernardo de Gregório (Mitologia Grega e Fundamento do Pensamento Antroposófico), Maria Alice de Souza Camargo (Astrologia e Cabala)
Direção de Produção: Maysa Lepique
Administração do Núcleo Bartolomeu: Renata Lira
Produção: Escritório das Artes

Urgência nas Ruas

Projeto de intervenções urbanas realizadas no centro da cidade de São Paulo entre nov. 2002 e mar. 2004. Contemplado pelo Programa Municipal de Fomento ao Teatro Para a Cidade de São Paulo.

Intervenções

Janeiro: Eu Te Amo São Paulo, Praça da Sé
Fevereiro: Meninos Falcão, Largo do Paissandu
Maio: Trabalhadores da Arte, Viaduto do Chá
Maio: Pontos de Vista, Minhocão
Junho: Passeata Amorosa, saída Praça do Patriarca / Igreja de Santo Antônio.
Junho: Encontros, Desencontros, Partidas e Chegadas, Estação da Luz
Agosto: Cabaret Hip-Hop; Block Party, Casa n° 1, Pátio do Colégio
Setembro: Ditirambo Urbano, Viaduto Santa Ifigênia
Outubro: Vigília Cultural; 36 Horas de Arte no Ar, Avenida São João, embaixo do Elevado Costa e Silva, o "Minhocão"
Novembro: Limpando e Iluminando, Saída Largo do Café
Dezembro: espetáculo *Acordei Que Sonhava; Intervenção Natal É Vão*, Vão Livre do Masp

Núcleo Bartolomeu de Depoimentos (nov. 2002 / mar. 2004): Claudia Schapira, Eugênio Lima, Júlio Dojcsar, Luaa Gabanini, Maysa Lepique, Roberta Estrela D'Alva, Benito Carmona, Patrick Toosey Seitz.
Atores-MCs: Claudia Schapira, Benito Carmona, Estela Lapponi, Luaa Gabanini, Maysa Lepique, Roberta Estrela D'Alva, Mariana Lima, Nô Cavalcanti, Patrick Seitz, Paula Pretta e convidados.
Direção Geral e Dramaturgia: Claudia Schapira
Direção Musical: Eugênio Lima
Direção de Arte: Júlio Dojcsar
Iluminação: Miló Martins
Direção de Vídeo e Edição: Luaa Gabanini
Edição de Vídeo: Luaa Gabanini, Marcel Albert e Thomas Miguez
Programação Visual: Sato (casadalapa)
Assistente Cenográfico e Câmera: Patrick Toosey Seitz
Assistente de Pesquisa: Nô Cavalcanti
Aliados: (*Yoga*) Mariana Maia; (Contato Improvisação) Erika Moura; (Dança de Rua) Mônica Bernardes; (Técnica Vocal) Tânia Piffer; (Preparação Ator) Georgette Fadel.

Acordei Que Sonhava

Estreou em 21 mar. 2003 na sede do Núcleo Bartolomeu de Depoimentos, Pompeia, São Paulo. Prêmio Pananco 2003 de Melhor Trilha Sonora.

Direção: Claudia Schapira
Direção Musical: Eugênio Lima
Preparação dos Atores: Georgette Fadel
Treinamento de Elenco: Mariana Senne
Assistente de Direção: Nô Cavalcante
DJ: Luaa Gabanini
MC: Eugênio Lima
Elenco: Claudia Schapira: General Clotaldo/Coro-Povo
    Benito Carmona: Astolfo, Duque de Moscou, Guarda/ Coro-Povo
    Estela Lapponi: Rei Basílio/Coro-Povo
    Eugênio Lima: MC Povo/ Líder Revolucionário
    Luaa Gabanini: Rosaura, filha de Clotaldo/DJ Povo
    Maysa Lepique: Princesa Estrela/Guarda/Coro-Povo
    Paula Pretta: Buzina, menina de rua, parceria de Rosaura/Coro-Povo
    Roberta Estrela D'Alva: Príncipe Segismundo
Sustituições: Tânia Pifer, Manuel Boucinhas, Daniele Ricieri, Paulo
    Vinícius, Dani Nega
Concepção de Vídeo: Kiko Araujo
Coordenação de Vídeo: Luaa Gabanini
Assistente de Vídeo: Marcel Albert
Operação de Vídeo ao Vivo: Patrick Toosey
Cenários e Objetos: Julio Dojcsar
Assistente de Cenografia: Patrick Toosey
Música: Noizyman e Eugênio Lima
Métrica: Núcleo Bartolomeu de Depoimentos
Engenheiro de Som: Simon Simantob
Desenho de Luz: Miló Martins
Operação de Luz: Duani Bin
Preparação Coreográfica: Mariana Lima
Figurino: Claudia Schapira
Assistente de Figurino: Renata Soarez
Coreografia: Eugênio Lima
Programação Visual: Sato (casadalapa)
Fotografias: Jeyne Stakflett e Pitxo Falconi
Mídia Strategos: Fabio Malavoglia
Assessoria de Imprensa: Tania Bernucci Comunicações
Assessoria Jurídica: Tais Colli e Barbara Freitas
Produção: Núcleo Bartolomeu de Depoimentos da Cooperativa
    Paulista de Teatro
Colaboraram na Fase de Finalização do Espetáculo: Treinamento
    de Yoga: Mariana Maia; Contato-Improvisação: Erika Moura

Bartolomeu, Que Será Que Nele Deu?

Estreou em 3 nov. 2000 no Sesc-Belenzinho, São Paulo. Prêmio Pananco 2001 de Melhor Figurino.

Concepção Geral do Projeto: Claudia Schapira
Direção: Georgette Fadel
Assistente de Direção e do Projeto: Luaa Gabanini
Roteiro e Livre Adaptação de "Bartebly, Um Escriturário", de Herman Melville: Claudia Schapira
Colaboração no Roteiro e Texto: Lavínia Pannunzio, Luaa Gabanini, Paula Picarelli, Roberta Estrela D'Alva, Eugênio Lima, Georgette Fadel.
Elenco: Claudia Schapira, Lavínia Pannunzio, Luaa Gabanini, Paula Picarelli, Roberta Estrela D'Alva.
Substituições de Elenco: Georgette Fadel, Maysa Lepique, Paula Preta, Daniele Riciere, Daniela Evelise, Paula Klein, Ana Roxo
Dançarinos: Pedro Moreno e Monika Bernardes
Substituições dos Dançarinos: Cia. Discípulos do Ritmo
Direção Musical: Eugênio Lima
Músicas e Métricas: Noizyman e Eugênio Lima
Letras: Claudia Schapira
Preparação Corporal: Eugênio Lima, Pedro Moreno e Monika Bernardes
Direção Coreográfica: Eugênio Lima
Coreografia: Eugênio Lima e Monika Bernardes
DJ: Eugênio Lima
MC: Noizyman
Substituições MC: Mariana Lima, Dani Nega, Duguetto Shabaz, Emerson Alcalde
Percussionista: Leandro Fleigenblatt
Substituição Percussionista: Alan Gonçalves
Roadie: Felipe Teixeira
Luz: Simone Donatelli
Direção de Arte: Claudia Schapira e Julio Dojcsar
Grafitti: Julio Dojcsar
Desenhos de Cenário: Libero Malavoglia
Programação Visual: Leandro Fleiglenblatt
Fotos: Alexandre Diniz, Jeyne Stakflett, Julio Dojcsar
Videoimagens: Luaa Gabanini e JJ
Figurino: Claudia Schapira
Cabelo: André Domingues
Produção: Renata Alucci, Claudia Schapira e Núcleo Bartolomeu de Depoimentos da Cooperativa Paulista de Teatro

Videoclip: Bartolomeu, Que Será Que Nele Deu?

Direção: Luaa Gabanini
Assistente de Direção: Daniel Santucci
Roteiro: Luaa Gabanini e Carú Alves de Souza
Música e Interpretação: Laura Finocchiaro
Clarinete: Paulo Garfunkel
Fotografia e Câmera: Camila Miranda e Márcio Atalla
Elenco: Claudia Schapira, Lavínia Pannunzio, Luaa Gabanini, Paula
    Picarelli, Roberta Estrela D'Alva
Participação Especial: Eugênio Lima, Leandro Fleigenblatt, Pedro
    Moreno
Still: Ana Rodrigues
Produção de Set: Paula Picarelli e Daniel Dottori
Produção Geral: Núcleo Bartolomeu e Daniel Dottori

Referências Bibliográficas

AGAMBEN, Giorgio. *Profanações*. Tradução e apresentação de Selvino José Assmann. São Paulo: Boitempo, 2007.

_____. *Estado de Exceção*. Tradução de Idaci D. Poleti. São Paulo: Boitempo, 2004.

ALVES, César. *Pergunte a Quem Conhece: Thaíde*. São Paulo: Labortexto, 2004.

BAKHTIN, Mikhail. *Cultura Popular na Idade Média e no Renascimento: O Contexto de François Rabelais*. 6. ed. Tradução de Yara Frateschi Vieira. São Paulo: Hucitec / Brasília: Editora da UnB, 2008.

BENJAMIN, Walter. *Magia e Técnica, Arte e Política: Ensaios Sobre Literatura e Obras da Cultura*. Tradução de Sergio Paulo Rouanet. São Paulo: Brasiliense, 1994. (Obras Escolhidas, v. 1)

BERMAN, Marshall. Among The Ruins. *New Internationalist*, New York, Dec. 1987. Disponível em: <http://newint.org/features/1987/12/05/among/>. Acesso em: 29 maio 2014.

BERNSTEIN, Charles (ed.). *Close Listening: Poetry and Performed Word*. New York: Oxford University Press, 1998.

BEY, Hakim. TAZ: *Zona Autônoma Temporária*. São Paulo: Conrad, 2001.

BRECHT, Bertolt. *O Teatro Dialético*. Rio de Janeiro: Civilização Brasileira, 1967.

BYNOE, Yvonne. *Encyclopedia of Rap and Hip-Hop Culture*. Westport: Greewood Press, 2006.

CHALFANT, Henry; COOPER, Martha. *Subway Art*. New York: Holt, Rinehart and Winston, 1984.

CHANG, Jeff. *Can't Stop Won't Stop: A History of Hip-Hop Generation*. New York: Picador, 2005.

_____. (ed.). *Total Chaos: The Art And Aesthetics Of Hip-Hop*. New York: Basic Civitas, 2006.

COHEN, Renato. *A Perfomance Como Linguagem: Criação de um Tempo-Espaço de Experimentação*. São Paulo: Perspectiva, 2002.

COLOMBO, Fausto. *Os Arquivos Imperfeitos: Memória Social e Cultura Eletrônica*. São Paulo: Perspectiva, 1991.

CONTADOR, António Concorda; FERREIRA, Emanuel Lemos. *Ritmo & Poesia: Os Caminhos do Rap*. Lisboa: Assírio e Alvim, 1997.

CONZO, Joe; BAMBAATAA, Afrika; ESQUIRE, Buddy; CHANG, Jeff. *Born in The Bronx*. New York: Rizzoli, 2007.

COOPER, Martha. *Hip Hop Files: Photographs 1979-1984*. New York: From Here to Fame, 2004.

DAMON, Maria. Was That "Different", "Dissident" or "Dissonant"? Poetry (n) The Public Spear: Slams, Open Readings and Dissident Traditions. In: BERNSTEIN, Charles (ed.). *Close Listening: Poetry and Performed Word*. New York: Oxford University Press, 1998.

DAVIS, Eisa. Found in Translation: The Emergence of Hip-Hop Theatre. In: CHANG, Jeff (ed.). *Total Chaos: The Art And Aesthetics Of Hip-Hop*. New York: Basic Civitas, 2006.

GEORGE, Nelson. *Hip Hop America*. New York: Penguin, 1998.

JENKINS, Sacha. The Graffiti: Graphic Scenes, Spray Fiends and Milionaires. In: LIGHT, Alan (org.). *The Vibe History Hip Hop*. New York: Three Rivers Press, 1999.

KASEONE; DIAS, Raul. *Hip Hop Cultura de Rua*. São Paulo: HHB Studio/SUATI-TUDE, 2011.

LIGHT, Alan. (org.). *The Vibe History of Hip Hop*. New York: Three Rivers Press, 1999.

LIMA, Eugênio Ferreira Correia. *Arte e Autorrepresentação*. São Paulo, 2003. (Não publicado.)

LOTMAN, Iúri. *La Semiosfera, v. 1: Semiosfera de la Cultura y del Texto*. Tradução de Desiderio Navarro. Madrid: Cátedra, 1996.

MAILER, Norman; NAAR, Jon. *The Faith of Graffiti*. New York: It Books, 2009.

MARTÍN-BARBERO, Jesús. *Dos Meios às Mediações: Comunicação, Cultura e Hegemonia*. Tradução de Ronald Polito. 5. ed. Rio de Janeiro: Editora da UFRJ, 2008.

NAAR, Jon. *The Birth of Graffiti*. München / Berlin / London / New York: Prestel, 2007.

PAVIS, Patrice. *Dicionário de Teatro*. Tradução de J. Guinsburg e Maria Lúcia Pereira. 3. ed. São Paulo: Perspectiva, 2008.

PIGNATARI, Décio. *O Que é Comunicação Poética*. São Paulo: Brasiliense, 1987.

PIRES FERREIRA, Jerusa. A Festa. *Projeto História*, São Paulo, n. 28, jan.-jun. 2004.

_____. Tantas Memórias. *Resgate: Revista Interdisciplinar de Cultura*, n. 13, 2004, disponível em: <http://www.cmu.unicamp.br/seer/index.php/res-gate/article/view/179/180>. Acesso em: 17 ago 2014.

_____. *Armadilhas da Memória e Outros Ensaios*. São Paulo: Ateliê, 2003.

_____. *Cavalaria em Cordel: O Passo das Águas Mortas*. 2. ed. São Paulo: Hucitec, 1993.

_____. *Cultura das Bordas*. São Paulo: Ateliê, 2010.

ROSENFELD, Anatol. *O Teatro Épico*. São Paulo: Perspectiva, 1985.

SALLES, Écio. *Poesia Revoltada*. Rio de Janeiro: Aeroplano, 2007.

SCHAPIRA, Claudia. *Acordei Que Sonhava*. 2003. (Não publicado.)

_____. *Bartolomeu, Que Será Que Nele Deu?* São Paulo: CCSP, 2004. (Col. Dramaturgia)

_____. Lendas Urbanas. 2004. (Não publicado; disponível para consulta no acervo da Secretaria de Cultura do Município de São Paulo.)

_____. Bartolomeu, Sete Anos Nele Deu. 2005 (Não publicado; disponível para consulta no acervo da Secretaria de Cultura do Município de São Paulo.)

_____. Orfeu Mestiço: Uma Hip-Hópera Brasileira. 2011. (Não publicado; disponível para consulta no acervo da Secretaria de Cultura do Município de São Paulo.)

SLOTERDIJK, Peter. O Desprezo das Massas: Ensaio Sobre Lutas Culturais na Sociedade Moderna. Tradução de Claudia Cavalcanti. São Paulo: Estação Liberdade, 2002.

SMITH, Marc Kelly; KRAYNAK, Joe. Stage a Poetry Slam. Napperville: Soucerbooks, 2009.

SOMERS-WILLET, Susan B.A. The Cultural Politics of Slam Poetry: Race, Identity and The Performance of Popular Verse in America. Michigan: The University of Michigan Press, 2009.

STRATTON, Richard; WOZENCRAFT, Kim (eds.). SLAM: The Book. New York: Gove Press, 1998.

WILLIAMS, Saul. The Dead Emcee Scrolls: The Lost Teachings of Hip-Hop. New York: MTV Books, 2006.

ZUMTHOR, Paul. Performance, Recepção, Leitura. Tradução de Jerusa Pires Ferreira e Suely Fenerich. São Paulo: Cosac Naify, 2007.

_____. Escritura e Nomadismo. Tradução de Jerusa Pires Ferreira e Sônia Queiroz. São Paulo: Ateliê, 2005.

_____. Introdução à Poesia Oral. Tradução de Jerusa Pires Ferreira, Maria Lúcia Diniz Pochat e Maria Inês de Almeida. São Paulo: Hucitec, 1997.

_____. A Letra e a Voz: A "Literatura" Medieval. Tradução de Amálio Pinheiro e Jerusa Pires Ferreira. São Paulo: Companhia das Letras, 1993.

Entrevistas

GABANINI, Luaa. Entrevista concedida em São Paulo, 16 ago. 2012.

LIMA, Eugênio Ferreira Correia. Entrevista concedida em São Paulo, 27 jul. 2012.

MORGAN, David Lee. Entrevista concedida em Paris, 4 jun. de 2011.

SCHAPIRA, Claudia. Entrevista concedida em São Paulo, 8 mar. 2012.

Periódicos

BLING or Revolution. American Theatre, New York, July / August 2004.

COSTA, Iná Camargo. Provocando o Redemoinho. Sala Preta, São Paulo, v. 6, 2006. Disponível em: <http://www.revistas.usp.br/salapreta/article/download/57308/60290>. Acesso em: 3 jun. 2014.

NEW MUSICAL Express. Londres: IPC Media, 1981. Soundsystem Splashdow.

TOSCANO, A. Rogério. Teatro e Hip-Hop: A Experiência do Núcleo Bartolomeu de Depoimentos. Sala Preta, São Paulo, v. 5, 2005. Disponível em: <http://www.revistas.usp.br/salapreta/article/download/57276/60258>. Acesso em: 3 jun. 2014.

Catálogos

COSTA, Iná Camargo. O Teatro Épico (em Poucas Palavras). *Programa do Projeto 5X4 Particularidades Coletivas*. Realização do Núcleo Bartolomeu de Depoimentos, SESC Paulista, jun.-ago. 2008.

Apostilas

MEIRELLES, G.F. *Mestre-de-Cerimônias*. Apostila de curso. São Paulo, 2006.

REINAUX, M. *Apostila de Curso de Mestre de Cerimônias: Postura e Elegância na Condução de uma Cerimônia*. São Paulo, 1997.

Artigos em Sites

CAZ, Grandmaster (of The Cold Crush Brothers). The MC: Master of Ceremonies to Mic Controller. Disponível em: <http://www.daveyd.com/historyemceegmcaz.html>. Acesso em: 1º jun. 2014.

DAVEY D. [2000]. "Jack The Rapper": The Father of Black Radio. Disponível em: <http://www.daveyd.com/articlejackrapper.html>. Acesso em: 1º jun. 2014.

EJARA, Frank. Danças Urbanas (Street Dance). Disponível em: <http://www.discipulosdoritmo.com.br/portugues.html>. Acesso em: 1º jun. 2014.

GRIFFEE, Susannah. Last Poets, Modern Hip Hop Inspiration, May Lose Home. *NBC New York*, 31 mar. 2011. Disponível em: <http://www.nbcnewyork.com/news/local/The-Last-Poets--118670504.html>. Acesso em: 2 jun. 2014.

JENKINS, Sacha. The Writing on The Wall: Graffiti Culture Crumbles Into The Violence it Once Escaped. *NAJP*. Disponível em: <www.columbia.edu/cu/najp/publications/articles/Jenkins.pdf>. Acesso em: 2 jun. 2014.

MEIRELLES, Gilda Fleury. *O Papel do Mestre de Cerimônias*. Disponível em: <http://www.sinprorp.org.br/Clipping/2002/324.htm>. Acesso em: jun. 2010.

WOLF, Tom. America's Most Policed Art Form: Subway Graffiti, NYC's Visual Criminal. *PopMatters*. New York, 17 fev. 2008. Disponível em: <http://www.popmatters.com/feature/americas-most-policed-art-form-subway--graffiti-nycs-visual-criminal/>. Acesso em: 2 jun. 2014.

HERMALYN, Gary; ULTAN, Lloyd. One Hundred Years of The Bronx. *Bronx County Clerks Office*. Disponível em: <http://archive.today/scZJB>. Acesso em: 2 jun. 2014.

Sites Consultados

Marc Smith Official Website. Disponível em: <http://www.slampapi.com/new_site/background/philosophies.htm>. Acesso em: 27 abr. 2009.

Mayor Giuliani Signs Executive Order Creating Anti-Graffiti Task Force, *NYC. gov*. Disponível em: <http://www.nyc.gov/html/nograffiti/html/pr379-95.html>. Acesso em: 19 jun. 2014.

MANO BROWN Completa 41 Anos. *Blog Poesia Ritmada*. Disponível em: <http://poesiaritmada.wordpress.com/2011/04/22/>. Acesso em: 27 ago. 2011.

SECRETARIA Municipal de Cultura do Estado de São Paulo. Disponível em: <http://www.prefeitura.sp.gov.br/cidade/secretarias/cultura/fomentos/teatro/>. Acesso em: 7 set. 2011.

Vídeo Copa do Mundo de Slam 2011. Disponível em: <http://www.youtube.com/watch?v=Gbkhar165C8>. Acesso em: 5 set. 2011.

Músicas

GOG. Dia a Dia da Periferia. Só Balanço, 1994.

RACIONAIS MC'S. Raio-X do Brasil. Zimbabwe Records, 1993.

_____. Nada Como um Dia Após Outro Dia. Cosa Nostra, 2002.

THAÍDE & DJ HUM. Humildade e Coragem são as Nossas Armas para Lutar. TNT Records, 1989.

Filmes

AHEARN, Charlie. Wild Style. Rhino Entertainment, 1983, DVD, 82'.

BOTELHO, Guilherme. Nos Tempos da São Bento. Suatitude, 2010, DVD, 90'.

CHALFANT, Henri; FLECHER, Rita. Flyin Cut Sleeves. Mvd Visual, 1993, DVD 60'.

DEVLIN, Paul. SlamNation. Slammin' Entertainment/Docurama, 1998, DVD, 91'.

LATHAN, Stan. Beat Street. MGM, 1984, DVD, 106'.

LEVIN, Marc. Slam. Trimark / Lions Gate, 1998, DVD, 103'.

SILBERG, Joel. Breakin'. MGM, 1984, DVD, 90'.

SILVER, Tony; CHALFANT, Henry. Style Wars. Public Art Films / Plexifilm 1983, DVD, 70'.

SOLBERG, Helena. Palavra (En)cantada. Radiante Filmes, 2008, DVD, 84'.

SPIKE LEE. A Huey P. Newton History. Black Starz!, 2001. DVD, 86'.

_____. Do The Right Thing. 40 Acres and a Mule Filmworks, 1989, DVD, 120'.

SPIRER, Peter. The MC: Why we do it? [S.l.]: Top Tape, 2005, DVD, 77'.

Este livro foi impresso em Cotia,
nas oficinas da Meta Brasil,
para a Editora Perspectiva.